相信美的力量

XIANGXIN MEI DE LILIANG

王红梅　著

中国海洋大学出版社

·青岛·

图书在版编目(CIP)数据

相信美的力量 / 王红梅著 . -- 青岛：中国海洋大学出版社，2020. 10

ISBN 978-7-5670-2599-8

Ⅰ. ①相… Ⅱ. ①王… Ⅲ. ①美育－教育研究 Ⅳ. ①G40-014

中国版本图书馆 CIP 数据核字(2020)第 193358 号

出版发行	中国海洋大学出版社
社　　址	青岛市香港东路 23 号　　　　邮政编码　266071
出 版 人	杨立敏
网　　址	http://pub.ouc.edu.cn
电子信箱	yyf_press@sina.cn
订购电话	0532-82032573（传真）
责任编辑	杨亦飞　　　　　　　　　　电　　话　0532-85902533
印　　制	青岛中苑金融安全印刷有限公司
版　　次	2020 年 10 月第 1 版
印　　次	2020 年 10 月第 1 次印刷
成品尺寸	140 mm ×203 mm
印　　张	9.5
字　　数	188 千
印　　数	1—2 000
定　　价	38.00 元

自 序

开展美的教育一直是我心中的一个理想，它似乎有些不着边际，却是一道最平常的风景。说它是一个理想，是因为我一直希望能通过自己的探索，找寻到通往这一境界的路径。说它平常，是因为每一位教育工作者都曾目睹那些打动过学生，也打动过自己的所有的教育智慧与师者人格的光辉。美的教育，我们其实每天都在经历。

美的力量是无穷的。孔子是我国历史上第一个重视和提倡美育的思想家，提出了"诗可以兴"；孔子还认为，最高的人生境界乃是一种审美的境界。蔡元培也曾大力呼吁："美育是最重要、最基础的人生观教育。"

如果将教育的内容与形式经过审美化，成就一幅幅美丽的"画"、一曲曲动听的"歌"，那么教师便是与这些美丽邂逅的人，并在这些美丽中徜徉、陶醉。这是美的教育所表达的价值内涵。

经过多年的实践探索，我得出这样的认知：美是教育的本质，它既是教育的起点，又是教育的终点。教育就是追求美、发现美、唤醒美、享受美的过程。美的教育是一种能使人产生最大幸福感的最优化的教育;美,涵盖了教育所有的正向价值观。

我的教育理念经历了以下阶段。

桃花盛开,最美绽放

在临沂第二实验小学(以下简称临沂二小)工作的 28 年是我的教育思想从萌芽到形成的关键时期。这期间我从一线教师成长为少先队辅导员、政教主任、业务校长,深度体验、理解了这所学校的传统,并一直致力于学校文化的凝练和打造。临沂二小又称作桃花涧小学,2003 年,学生们自己选出的校训"相信自己,世界因我更美丽"成为学校文化的源头,与最初的校名——"桃花涧"的美好意境相契合,由此提炼出办学理念的核心元素——"自信·尚美",逐渐形成最美教育办学体系。

临沂二小以校训"相信自己,世界因我更美丽"为核心,生发出"自信成就美丽人生"的教育理念,形成"自信·尚美"的学校核心价值观,遵照"立美、寻美、赏美、求美、创美"的教育模型,达成"做最美的自己"的校风,实现让每个学生拥有快乐、自信的美丽人生的育人目标。

基本实施路径:最美教师以最美评价为主线,建设最美课程,打造最美课堂,培养最美学生。2016 年第五期的《人民教育》以大篇幅报道了最美教育的办学成果。

美丽银雀,"以美育美"

2017 年 8 月,我被调往一所街道中心小学——银雀山小学担任校长,面对学校办学条件相对薄弱且没有形成文化体系的现实,我继续坚守自己的办学思想,成功地将美的文化植入银雀山小学的建设中,首先提出了"你好世界就好,我美银雀就美"的管理理念,并开始凝练学校文化。"银雀山"这一校名源于银雀山上盛开着的酷似小鸟的银雀花。其中的精神内涵:绽放的银雀花是一种脚踏实地的实践之美,展翅的银雀鸟象征着仰望星空的理想之美。

学校原有的校训"读书成长,知行天下"蕴含着以下道理:读书是世界上最美的姿态,一位爱读书的校长带领着一群爱读书的教师和学生一起读书。这些与我的教育思想深度契合,逐步形成了具有本土特色的致美文化。于是,我将校训改为"读书立美,知行天下",意为以美为支点,以读书为杠杆,让学校里的每一个学生都能在读书中走向知行合一的完美境界。后来,我又提出了"以美育美"的教育理念,"我美世界就美,心美一切皆美"的学校核心价值观,逐渐形成了"各美其美、美人之美、美美与共"的校风。

让每个生命都闪光

2018 年 7 月,我来到了临沂第四实验小学(以下简称临沂四小)。与前两所学校不同的是,临沂四小已根据其地处启阳路这一特征,架构了启阳文化品牌,确立了"以启立教,依阳育人"的办学理念和"开启未来,一路阳光"的校训。在坚持继承的基础上,我深入挖掘了启阳文化的历史内涵。启阳路源于春秋时期的启阳城,意为"开启太阳之地",即阳光普照四方,化育草木万物,是为天地之大美。

"启",发也、导也、育也、教也;"阳",光也、明也、大也、和也、美也。"启"乃方法,"阳"为目标。基于此,我确立了"办阳光的学校,做温暖的教育,培养有爱的人,让每个生命都闪光"的办学宗旨和目标。其中的核心思想仍然是美。至此,我对美的文化的理解发生了质的飞跃——没有美的标签,同样是美的教育。因为好的学校文化可以唤醒学生对美的丰富感受,我将以启阳文化为载体,开启师生对真、善、美的感知和欲求。

假如把美比作教育的一个支点,那么该用什么杠杆来撬动呢?

正如美学大师罗丹所言:"世界上并不缺少美,缺少的是发现美的眼睛"。"寻美"就是我的一个工具。

十几年来我一直坚持以"寻美"的姿态做管理,随手拍下教师和学生们的一些美丽瞬间,通过多种形式弘扬传播。我将其称为"寻美",逐步形成了"你真美"的评价课程。

课程以两种形式呈现:国旗下校长讲故事和班会上师生讲故事。

国旗下校长讲故事:升旗仪式后,我用"你真美"的表达方式讲述在校园里发现的典型事例、美丽瞬间,并现场颁发奖状,再将这一过程拍下来制成海报,长期展示在校园的展区中。

班会上师生讲故事:全班师生每周聚焦一个学生,观察发现他/她的点滴之美并在卡片上记录下来,通过班会讲给大家听,再将表扬卡片贴在画框中在班里展示,最后交给学生带回家。

　　这些都是美的窗口。美的教育就是要引领这样的文化，善于抓住一个人在某个瞬间的好行为、好想法，在发现中肯定，在肯定中激励，在激励中传播，在传播中影响每一个人，让一个偶然的行为变成稳定的习惯，让一个人的行为变成一群人的共识，成为一个组织中共同的价值追求。

　　高尔基在《母亲》中写道："美学是未来的伦理学。"也就是说，美学是未来的教育学。美的教育让我们每一个人都拥有发现美的眼睛，拥有完善的人格和激情诗意的精神境界，拥有美的人生、爱的人生。

2019 年 9 月

目　录

第四章

以审美的理念立文化　　　*145*

第五章

以美学的视角办教育　　　*213*

附　录　　*278*

参考文献　　*288*

第一章

以美好的心态过生活

　　时间的齿轮悄悄地转动着，成长的骊歌轻轻地跳动着，回顾我的人生历程，感到童年时期和学生时代的经历以及30年的教学生涯对我的成长起了至关重要的作用。童年时期，我在快乐、苦涩和幸福中成长并获取知识；学习时代，我不断寻找奋斗带给自己的信心和优势；30年的从教岁月里，我汲取不断前行的动力，快乐别人，成就自己。

　　人最高的智慧就是认识自己。一直以来，我曾尝试着站在审视者的角度，用最虔诚的姿态来剖析自己，细细研读自己生命历程中的每一个阶段，直至呈现我最为本真的形态。

◎ 童年：在长大中体会爱

　　我出生在20世纪70年代初，家里四个孩子，我排行老大，初为父母的爸妈对我极为喜爱。妈妈经常提起我刚刚出生的时候，爸爸既高兴又紧张地抱着我，激动得不知把我放哪儿好，竟"咚"的一声把头撞到了墙上，现在每每谈起，大家的脸上依旧洋溢着幸福的笑意。我在父母的关爱中逐渐长大，这使我在幼年时期对安全感和爱的需要得到了满足，形成了我对人的基本信任感、责任感和对生活的幸福感，进而拥有了积极向上的人格特质。虽然在以后的发展中，我也遇到过一些挫折和失败，但是我始终能积极面对。

做教师的爸爸给了我最大限度的潜力开发。记得在我很小的时候，爸爸就给我讲故事，教我认字、练书法、学画画，其中以书法练习坚持得最好。小学五年里每周一次的模仿作业从未间断过，爸爸在俊秀的字上画的红圈圈是对我最大的鼓励。在那个年代里，这算是比较超前的特长教育了。长达五年的书法练习磨练了我的意志，为我以后的从教生涯打下了坚实的基础。爸爸的培养教育模式对我智力的开发和意志的培养大有益处。我和弟弟妹妹的年龄相差不大，彼此沟通非常好，时常四人一起学习、一起玩耍，气氛融洽且快乐。我的语言交流能力在这个时期得到了启蒙，因为弟弟和妹妹最喜欢听我讲故事。我把从爸爸那里听来的小故事"添油加醋地胡编乱造"后讲给他们，小淘气们听得如痴如醉。偶尔弟弟和妹妹之间有小矛盾，我的一个故事就会让他们和好如初。良好的家庭氛围渐渐塑造了我平和稳重又不失活泼的性格。

快乐的童年生活也伴随着一丝苦味。在我八岁时，妈妈生了一场大病，全家六口人仅靠爸爸每月 30 多块钱的工资维持生计，还要给妈妈治病。家里的困难程度可想而知。

那一年我们全家每天的餐食几乎都是清水煮地瓜干,不善厨艺的爸爸只会简单地把东西煮熟,以至于我们最愁的事就是吃饭。那年冬天,我和弟弟妹妹都没能穿上妈妈做的棉鞋,我是穿着一双露脚面的单鞋过冬的。犹记得一次下大雪,在上学的路上,我那早已冻僵的双脚一次次踩进厚厚的积雪里,我一路哭着到了学校……妈妈生病的一年里,我没少流眼泪,可留给我印象最深的却不是这些。我曾把地瓜干啃成一副眼镜的样子放在眼睛上,逗得弟妹们眼角挂着眼泪捧腹大笑;天再冷也没忘了在雪地里滚一个雪球当雪糕;脚被冻得又麻又木,冒着大雪步行至学校……也许因为天生乐观,也许因为童年的单纯,艰难的生活留给我的快乐远多于苦涩。坚忍的意志告诉我,世界上最可怕的不是困难,而是怯懦的心。苦涩的磨难告诉我,失而复得的母爱更加珍贵,感谢上苍把母爱还给了我,我也懂得了感恩和爱的回报,困难让我学会坚强。

◎ 求学:在探索中懂得爱

由于父亲的启蒙,刚刚五岁的我看到别的小孩子去上学,自己也吵着非要去,于是我成了班里年龄最小的学生。刚开始因为字写得好,老师非常喜欢我,可是由于年龄太小,数学总跟不上,很简单的加减法我怎么也理解不了,于是勉强上了一年多后,爸爸让我当了留级生,可快乐和自信却与我渐行渐远。后来,虽然我的成绩还不错,但由于没开好头,小学的五年只能算是波澜不惊,老师、同学们都说我很文静。

上初中之后，换了新的学习环境，我在学习上更加努力，第一个学期就考了全班第二名。这给了我很大的鼓舞，并以更加饱满的精神状态开始了我的快乐苦学生涯。每晚，我都要让妈妈催上几次才肯上床睡觉。突出的学习成绩让我收获了老师和同学们的认可和信任，成了班委会中的一员。

三年后我顺利升入了师范学校继续学习。由于小时候时常练习书法，喜爱绘画，还说着一口标准的普通话，我被同学们选为学生会宣传委员、广播站编辑播音员、学校大型活动的主持人。师范学校的三年中，我为班级和学校开展活动做了大量的工作，自己也收获了不少的荣誉。在这个过程中，我学到了许多技能和本领，较为系统地学习了绘画知识和技巧，使自己的绘画水平有了大幅度的提高；同时，书法、普通话、组织管理能力亦得到了进一步的提升。这段经历让我重拾信心，变得自信，体会到成长的快乐。

◎ 事业：在教育中诠释爱

1989 年，我开始从事教育工作。在一点一滴的工作积累中，我慢慢地明确了自己的追求——不但要做一个学生们喜欢的老师，还要努力做一名教育家，成就学生，也成就自己。有了这份追求，我也就有了火一样的工作热情。多年来我的这份热情丝毫未减。

因为这份执着，我拥有了一个台灯下的世界。在这个世界里，我学前辈精神，"啃"教育理论，研究课堂教学艺术，打造出一节节市级乃至省级的优秀公开课；在这个世界里，我跨越了学科的门槛，去追求种种新知——学计算机、学外语、建网站、写博客;在这个世界里,我静心反思,不断总结自己工作中的成败得失,写下一篇又一篇的教育日记和教学论文。因为这份执着,我策划了一个又一个精彩活动:"左手创造美,点燃学生们心头的火把""百项收藏——发现五彩缤纷的世界""照照镜子行动——美丽从自己开始""做校长小助理——给你成长的权利和自由""从画六一到唱六一""领养一棵小树,她和小树共成长""班级特色创建,她的班级她做主",等等。因为这份执着,我白天忙得连轴转,加班成了"家常饭",早上最早一个来,傍晚天挂星星走。在公公病重以及婆婆车祸住院手术期间,为了方便照顾,我把二老接到只有50平方米的家中侍奉,从未请过一天假。

　　爱是教育的底色。如果一名教师能将热爱教育事业和关心爱护学生相结合,他就是一名完美的教师。学科教师和管理者的双重身份让我在课堂内外都做着一件快乐的事——和学生成为贴心的朋友。多年来,学生成了我生命中最重要的朋友与伙伴,我与学生朝夕相处,欢度节日,分享快乐,把关爱学生做到细微之处。课堂上,我会为每个学生积极创造机会,不断地让学生获得"我能行"的成功体验,最大限度地理解、宽容、善待每一个学生,让每一个学生都能感受到老师对他/她的喜爱。课下,我会向每一个学生投以赏识的微笑。全校5 000多名学生,没有一个不熟悉我的问候,没有一个不懂得我的微笑。他们的一举一动、一颦一笑,我都看在眼里记在心上。也正是从这些细微之处,我悄悄地发掘着学生们的内心世界,发现他们身上的闪光点,进而把爱送到每个学生的心灵深处。在教育过程中,我会敏锐地发现和寻求最佳的教育时机,给学生如沐春风般的教育。我会记住某个自觉捡起一片废纸的小男孩,并常常在校会上提起他;我会牢牢抓住那个滑楼梯的小调皮,苦口婆心地教育他……关注每一个学生,温暖每一颗心灵,重视他们的感受,了解他们的需要,掌握他们的情绪发展,倾听他们的声音,是我一直以来的行为准则。

多年的坚守让我获得了山东省教学能手、沂蒙名师、山东省基础教育十佳名师、省/市级优秀教师和优秀辅导员等荣誉。这些得益于我儿时的家庭教养、曾经的人生经历以及健康向上的人生态度。工作的历练丰富了我的人生,使我不断走向成熟。

工作以前读的书比较少,当上教师以后,我常常觉得腹中空空,深感学习的重要性,于是,我把书籍作为自己成长的土壤。后来,上网阅读成了我学习的一部分。无论工作多么忙,我都会挤出时间来学习。我用了九年的时间,从函授的专科开始学习,直至读完本科;自学参加国家计算机操作技能考试;2007年考取了中学教师资格证书。随着时间的推移,我越来越体会到:人需要学习,教师更需要学习,因为只有不断地学习,才能够促进自身的专业成长,才能够保持自身在行业中的竞争力。教育阅历的丰富也让我多了一些思考:家长与教师之间的沟通存在诸多问题,教师中出现的所谓的师德问题多数源于教师情绪的失控……另外,小学生中常有特殊个体的存在,如有品行障碍的学生、有攻击性强的学生、有自闭倾向的学生。他们的问题不是通过简单的教育就能解决的,教师需要了解他们的心理,了解其行为表现背后的原因,真正有效地采取行为干预方式加以影响。为了解开诸多的教育疑惑,我参加了国家二级心理咨询师的学习培训班,并于 2009 年取得资格证书。我深深地知道,要想成为一名优秀的心理咨询师,任重而道远。它不仅需要热情和爱心,还要有高深的理论知识和精湛的专业技能,其间,我不断地通过多种管道投入了大量的精力和财力进行持续的学习,并把自己的所学用到教育教学管理的过程当中。2013 年,我完成了山东省课题"自信教育理念下的小学生心理健康模式的实践研究"并获得了省教科研成果一等奖。

随着工作岗位的变化和视野的不断开阔,我对教育的理解更加深刻,从对学科教学的关注渐渐走向整体育人的实践,特别是近十年来更多地参与到学校整体教育模式的研究中,多次到北京、上海、杭州、重庆、西安、长沙等地培训学习,充分认识到教育是一个系统工程,必须站在文化的高度理解教育、办好教育。教育首先是以人为核心的。学校教育的最高境界是以文化人,它的终极目标在于创造一种氛围,陶冶学生的情操,构筑健康的人格,全面提高学生的素质。对学生真正有价值的东西就是他们所处的氛围。这种氛围就是文化。每所学校或者每位教师的教育都应有自己的育人文化。长期以来,我总结提炼出了自己的育人文化——"以美育美"(教育即启迪,育人真善美),用一种潜移默化的、润物无声的方式去启迪智能、唤醒美好、开启未来。2015 年,我有幸加入第二期齐鲁名校长建设工程。经过三年的学习进修,我已顺利通过考核,成为齐鲁名校长。与此同时,我还被齐鲁师范学院和临沂大学聘为特聘教授和硕士研究生导师。

对我而言,30年的教育历程是一个做人的过程、一个不断自我提升的过程。随着时间的推移,我愈发感到,校长更需要深层次的学习、内化和提升。校长的自我提升,是自我向心灵深处探索、发现、创造,与自己进行深层的沟通和交流的过程。做校长要有赤诚的教育之爱,秉承理性的思维自觉担当;要守一份清净之道,依循规律而行;要有一份价值坚守,遵照初心而思。

我喜欢学生,热爱教育事业,这些是敦促我不断地坚定我所从事的爱的事业的信念。我始终在践行:用爱倾听另一个生命,用理解引领另一颗心灵,在付出中收获幸福,快乐别人,成就自己。

2015 年 6 月

我眼中的幸福不一样

习总书记说:"只有奋斗的人生才称得上是幸福的人生。"日本商业实业家稻盛和夫在《人为什么活着》中写道:"一个人如果没有过上幸福的生活,是因为他没有做出应有的努力,没有为幸福而努力奋斗。任何一个人都有幸福生活的义务,不是权利,而是义务。"我认为人这一生最重要的事情就是让自己幸福。

◎ "幸福"并非越多越好

有的人认为欲望的最大化就是幸福。让我们来据此做一番推导:假设喝酒能让一个人感到快乐,那么本来能喝三杯,最大化的话可能是三瓶,但是这样真的能带来更大的快乐吗? 又假设一周内不能喝酒,这周过后可以喝一杯,那么喝这一杯所获得的快乐可能比原来喝三杯甚至三瓶要多得多。由此可见,我们应当适时地克制自己的欲望。

◎ 快乐不等于幸福

许多人认为快乐即幸福,或是幸福的一部分。近日,我读到一篇文章——《快乐不等于幸福》。作者住在好莱坞的迪斯尼乐园里,可以整天玩里面的游乐设施。人们往往认为住在这样一个富有乐趣的地方一定比住在别处更加幸福,然而作者的感受并非如此。作者认为快乐是人在某项行动中的感受,幸福是行动过后的感受;较之快乐,幸福更深刻,持续的时间更长久。打球、玩牌、看电影、玩游戏都是能带来快乐的活动,令人放松,忘却烦恼,甚至开怀大笑。但快乐不等于幸福,因为快乐的情绪会在快乐的活动结束不久消失。

一旦我们知道快乐不等于幸福,就不会耗费太多的时间在娱乐活动上,转而将省下的时间用在能真正带给我们幸福的事情上。

◎ 幸福与痛苦并不矛盾

每个人都希望能拥有永恒的幸福,这很正常,但生活本身是个矛盾体,有愉快的事情,也有令人懊恼的事情;有幸福的时光,也有失意的时刻;有欢乐,也有痛苦;有成功,还有失败。因此,我们必须常常问自己能不能接受生活的全部。生活的全部并非由幸福和快乐组成,不幸和苦痛何尝不是生活的一部分。我们必须学会接纳生活的多样性,坦然对待生活的矛盾性。不经历痛苦,哪能体会到幸福的真谛?

◎ 幸福是无数个"小确幸"

"小确幸"一词的意思是微小而确实的幸福,出自日本小说家村上春树的随笔,由我国翻译家林少华直译而来。每一个"小确幸"的持续时间为3秒至3分钟。当然,它不是凭空消失了,而是深深地浸润到我们的生命中。抓住那些被幸福击中的微小时刻,也就找到了幸福的感觉。"小确幸"随处可见:电话响了,接听后发现是正在想念的人;你打算买的东西恰好降价了;完美地磕开了一个鸡蛋;排队时,你所在的队前进得最快……它们是生活中小小的幸运与快乐,是流淌在生活的每个瞬间且稍纵即逝的美好,是内心的宽容与满足,是对人生的感恩和珍惜。当我们逐一将这些"小确幸"拾起的时候,也就找到了最简单的快乐!

西方某个国家在进行的一个题为"谁是世界上最幸福的人"的调查研究恰巧证明了这一点。最后的结果是这样的:第一名是给自己的宝贝洗完澡后怀抱婴儿的妈妈;第二名是给病人治好了病后目送那个病人远去的医生;第三名是在沙滩上独自筑起一座沙堡后满脸笑意的学生;第四名是给自己的作品画上句号的作家。由此可见,是许多微小的幸福成就了幸福的人。相似的经历我们都有过,谁抓住了这些"小确幸",谁就是幸福的人。

◎ 身在福中要知福

幸福就在身边,不要等到失去才知其重要。我和大家分享这样一个故事。

一日，佛祖遇见了一个农夫。农夫愁容满面，他向佛祖诉说："我家的水牛刚死，没有它帮忙犁田，我怎么耕田呢？"于是，佛祖赐给了他一头健壮的水牛，农夫很高兴，佛祖在他身上感受到了幸福的味道。

又一日，佛祖遇见了一个男人。男人非常沮丧，他向佛祖诉说："我的钱被骗光了，没有盘缠回乡。"于是，佛祖给了他些银两，男人很高兴，佛祖在他身上感受到了幸福的味道。

再一日，佛祖遇见了一位诗人。诗人年轻、英俊，有才华且富有，妻子貌美温柔，但他过得不快活。佛祖问他："你不快乐吗？我能帮你吗？"诗人说："我什么都有，只缺少一样东西——幸福，你能给我吗？"佛祖说："可以。"于是，佛祖拿走了诗人的才华，毁去了他俊朗的面容，夺走了他的财产和他妻子的生命。做完这些后，佛祖便离去了。一个月后，佛祖回到诗人的身边。这时，诗人已饿得半死，正衣衫褴褛地躺在地上挣扎。于是，佛祖把诗人原有的一切都还给了他。然后，佛祖又离去了。半个月后，佛祖再去看诗人。这次，诗人搂着妻子，不停地向佛祖道谢，因为他找到了幸福。

现实中很少有人能够像诗人一般"失而复得"，所以要好好珍惜现在的一切！

◎ 有容乃大，淡泊宁静即幸福

在人生道路上，每个人都可能会步入这样或那样的弯路，每个波折都是上天的美意。有了教训，行进在未来的路上就会少犯错误。有容乃大是指宽宏大量，原谅别人；也指放宽心量，原谅自己。只有充实地包容，充分地尊重，心中才会时刻坦荡，内心才会无比幸福。淡泊宁静是指看清自己，看透生活，顺境怡然自乐，逆境安之若素，不忧不惧。

抱有一颗平常心，心灵便丰盈了，生活质量也就提升了。为家人烹饪菜肴时，不在于烹饪技术有多娴熟，滋味有多醇厚，而在于做菜时对家人的那份关心，那份融入美食的浓浓爱意，这就是幸福的滋味。道不远人，幸福就在心中。

◎ 幸福还可以是……

有则公益广告上说："人生就像一次旅行，人生的幸福不在于目标，而在于沿途的风景。"

幸福是什么？

我认为，幸福是渴了能喝上一口润喉的清茶；幸福是饿了能吃上一碗喷香的米饭；幸福，就是痒了挠一下；幸福就像你身后的影子，一直跟着你。

更重要的是，给予比接受更幸福，心在、爱在，幸福就会繁衍不息……

2015 年 7 月

诗意地栖居离我们有多远

——读《致教师》有感

《致教师》一书中我最喜欢的几篇文章是《在教育中诗意栖居》《在时光中创造那个更好的自己》《生活情趣让教育更有味》。白岩松说："我们读所有的书，最终的目的都是读到自己。"很庆幸，我找到了自己本来就有的东西。

◎ 诗意地栖居离我们有多远

哲学中有三个终极问题，即"我是谁？""我从哪里来？""我要到哪里去？"我的诗意栖居的生活在哪里？客观地说，我们都来自偶然，经历童年、青年、成年、老年，最终死亡。我们都是普通的人，但在每一个年龄段，我们的生活又各不相同。

童年时，我们对这个世界总是充满好奇，没有痛苦、烦恼，每天都在快乐地生活，如果有不如意，可以尽情地大哭宣泄，别人也大多以宽容的心态来接纳、包容。我在想，童年之所以快乐，或许是因为童年的心里只有"真"，容不得半点"假"，率真让童年快乐无比。

青年时，我们有了烦恼——学业的压力，父母的训斥，老师的叮嘱，朋友的失信，选择的彷徨……好像整个世界都与我们过不去，这一时期的烦恼其实都源于心中的"惑"。

及至中年，我们每天都在忙忙碌碌，老小皆需照顾，自己还想事业有成。中年是"累"的，"累"源于我们对"名"的追求！

步入老年，我们是悠"闲"的，经历了太多的酸甜苦辣，淡薄了名利，学会了包容，正所谓"随心所欲不逾矩"。"最美不过夕阳红"的境界是因为心中的"明"，明白了世事，明白了人情冷暖。

童年的天真烂漫，少年为未知的前途彷徨，中年的奔波忙碌，老年的悠闲自在，这一切其实都源于我们的内心呀！

何不以积极的心态来面对这个世界，当你以美的眼光来看待这个世界，你会发现：美好的东西其实一直在自己的心中，诗意栖居在我们的心里。

◎ 诗意栖居在日常琐碎里

现实困境下的职业倦怠，让教育背负了许多纠结与无奈。作为教师，我们到底以怎样的状态生活才是最好的呢？这是一个非常重要的问题。曾听得一则寓言：一群人匆匆赶路，突然，一人停下。旁边的人奇怪：为什么不走了？停下的人笑着回答："走得太快，灵魂落在了后面，我要等等它。"是啊，我们常常只顾着向前走，以至于忘记了为何出发。尽管从事了多年的教育工作，有时教师也会忘记初心，远离教育的真谛。坦诚地讲，教育别人是以自己为起点的。因为一个人永远不可能给别人自己没有的东西，所以面对教育对象时，教师需要从认识自己、发展自己开始。

静心反思，修正自我，每天面带微笑走进学校，用世界上最美丽的语言与学生对话，开启幸福的一天。其实，所谓的师德问题，多数都源于情绪的失控。因此，无论何时何地教师都不能做情绪的奴隶，不让行动受制于情绪，应控制好情绪。

教师应多留意生活中点滴的美好——一杯咖啡，一盏香茶，上班路上的一道风景，办公室窗外的一声鸟鸣；还应关注自己的需求，做快乐的自己。如果不能把日子过成诗，也要努力把它"折腾"成自己喜欢的样子。请做爱阅读、勤思考的那个人。学习这件事不在乎有没有人教你，最重要的是自己有没有觉悟和恒心。越是不想看书，越要硬着头皮看。请笔耕不辍，勤于反思，做教育生活的观察者和学生的研究者，记录并积累自己的教育故事。因为有了这个积累，才会有丰富多彩的教育生活，才可能形成独特的教育主张，才能享受到教育的幸福，才能感受到诗意的栖居和诗意的生活。

不放弃成长，才能成就生活之美

临近年终，各种检查接踵而至，在管理和安排工作的过程中，我隐隐地感觉到有一种类似于倦怠和逃脱的情绪。

◎ 与高级职称擦肩而过的老骨干教师

她是一位踏踏实实教书的老教师，临近退休但依然在第一线教学，天天和学生们"打"成一片，深受学生们的喜爱。不久前的职称评审有了新政策，很多有过农村工作经验的教师都具备了高级评审的资格，这位老教师也不例外。她在欣喜中呈交了自己的相关履历和证书等。多年的孜孜不倦和积淀让这位老教师获得了高分，可遗憾的是，在继续教育这一项中她未能达到标准，最终与评定职称失之交臂。因为近几年不参加继续教育的教师没有资格参评，而她正是因为觉得自己年龄大了快退休了便没有参加继续教育学习。看到她一脸的失望，大家无不为之惋惜。如果当初没有因为临近退休而懈怠,她就不会与这个机会擦肩而过了。所以,无论什么时候都不要停下进取的脚步。

但凡取得成功或巨大成就的人,都是深深扎根于自立土壤中的人,都是依靠自己的人。人要依靠自己,因为能够将自己拉到顶峰的力量就在自己的内心深处。只有一件事情能够阻碍自身的进步,那就是缺乏自信或者懒惰。如果不自助,只能原地踏步。机会总是留给有准备的人,带着全部的热情,拼尽全力,充满斗志,那么就离成功不远了。所以,不放弃成长,才能成就生活之美!

曾看过这样一段经典故事——文艺理论学者童庆炳常常感叹他的恩师黄药眠先生的最后一课。

"这最后一课,是他带着牺牲的精神,带着豁出命的精神,来给我们讲课的。"他也常常想象自己的最后一课:"我正在讲课,讲得神采飞扬,讲得出神入化,而这时,我不行了,我像卡西多、华罗庚一样倒在讲台旁或学生温暖的怀抱里。我不知道有没有这种福分。"

我想这就是教育家们希望成就的教育至美。

人生的意义在于修行,教育的目的在于说明人修行,修行的核心在于认识自己。我们一直在认识自己的过程之中。

2015 年 10 月

端午艾蒿香

　　端午假期的第一天,临时接到通知说当天必须去参加一个创城工作会,于是,一大早我就骑着自行车出门了。

　　今天是个阴天,空气中弥漫着潮湿的雾气,细细的雨点落在脸上凉丝丝的,很舒服。街上人很少,马路显得很宽阔。没了平日里拥挤的车流和喧嚣的人群,我一边欣赏沿途的风景,一边慢骑。偶尔几个骑车者从我身边驶过,感觉很亲切。

　　不知何时身边出现了一对母子。母亲骑车带着八九岁的儿子,他们也骑得很慢。他们前车筐里放着一簇带着露珠的艾蒿,像是刚刚从野地里采来的。我好像一下子嗅到了艾蒿散发出的阵阵幽香。小时候我最喜欢闻艾蒿的味道,妈妈把成捆的艾蒿晾干后放在我的枕下,她说这样可以防虫。因为我最怕虫,所以每晚我都枕着散发着艾蒿香味的枕头安心地入眠。妈妈习惯把艾蒿叫成"ài",那时候我还小,不知道这个"艾"字怎么写,以为是"爱",心想这种草为什么叫"爱"呢,后来长大了,虽然知道此"艾"非彼

"爱",但懂得了这就是爱啊！想起这些，我的心里也一点点地温暖起来。明天就是端午节了，一定要回家，也把"艾"送给妈妈。

第二天寻着艾蒿的香味回到家，妈妈早已把热腾腾的粽子端上了桌。爸爸说："昨晚为了包完这一大锅的粽子，你妈忙到大半夜，然后放在煤炉上煮了一宿。"吃着这香甜软糯的粽子，我心里暗自惭愧，昨晚怎么就没回家帮把手呢！

记得小时候，妈妈也都是在端午节的前一晚包粽子。每当她端出一盆泡好的糯米，我和弟弟妹妹总会叽叽喳喳地围在她的身旁，有时会帮着捋粽叶，把一片片大小不一的粽叶拼接起来。然后，妈妈会将它们转成一个圆锥筒，把泡好的糯米捞起来放在里面，再塞进大枣，三转两拧就包出一个四角菱形的鼓鼓的粽子了。我也曾学着包粽子，可怎么转，包出的都是三角形的粽子，至今也没学会，人家说"巧娘拙女儿"，真不假。为了包完这一大盆的糯米，妈妈会忙到半夜，我们自然是熬不到粽子上笼。虽然有粽子的诱惑，但我们还是架不住瞌睡虫的不断骚扰睡着了。等妈妈包好所有的粽子端上笼后，那口锅要在炉子上"咕嘟"整整一夜，妈妈隔一会儿就得去看看火，到了第二天清晨，才有扑鼻香的粽子出锅。阵阵粽香沁人心脾，不等大人呼唤，我们便马上起床围坐在餐桌旁，准备享用这上好的美味了。妈妈会在小碟里铺一层白糖，然后，让我们把剥好的粽子放在上面打个滚儿，一层细密的白糖裹在粽子上，一口咬下去，绵软、清香与甜美立刻在嘴里混合，香得让人掉泪。看着我们的吃相，妈妈总是在一边说："慢点，慢点，别噎着。"直到现在，我每次吃妈妈包的粽子时，耳畔总响起她温柔的叮嘱声——"慢点，慢点，吃黏的东西得细嚼慢咽"。每一个粽子都饱含着妈妈无尽的爱。

临走时妈妈又拿出她早就准备好的艾蒿，整整齐齐四小捆，说道："你们四个一人一捆，我都晾好了，回家放在床垫下面，防蚊虫。"抱着妈妈给的这捆艾蒿，任由柔软的叶子贴在脸上，我贪婪地吸着这淡淡的清香，幸福伴着温暖弥漫了我的全身。这悠悠飘香的粽子裹着的是妈妈的爱，这淡淡的艾蒿香是母爱的味道！

2008 年 6 月

伞花交响曲

下雨了,下雨了,
雨儿纷纷扑进大地的怀抱。
校园里瞬间一片青绿,
绿得清新,绿得炫目,
绿得令人陶醉。
站在窗前,
我流连这新鲜的色彩……

滴答,滴答……
雨儿下得欢畅。
敲出伞花一片片,
一朵朵,一簇簇……
五彩的颜色,千般的姿态,

盛开在校园的角角落落,
看得你心中的花儿也怒放。

伞花上的雨滴,
像一个个调皮的孩子,
脚踩着伞花,
跳起欢快的舞蹈。
跳跃的音符,
传递着夏的信息……

伞下有一个可爱的小伙伴,
雨点和他打招呼。
伞下的小伙伴有了回应,

清脆的笑声震碎了雨点。　　　伞花交响曲，
　　　　　　　　　　　　　　在雨中的校园里回响……

吧嗒,吧嗒,
小脚丫敲起开心的鼓点,　　　　　　　　2008 年 6 月

镜子效应

周五是执勤的日子,一大早我站在大门口,看着学生们三三两两地走来,扬起一张张可爱的笑脸,送给我一个个甜美的微笑,高声喊道:"老师好!"我的心情便无比开朗。当我面带着像学生们一样真诚的笑意向他们报以热情的问候时,我突然感觉到自己好久没有这样开心自然地微笑了。这种感觉真好,真的要感谢这些可爱的学生们,他们的快乐和真诚感染了我,他们是这个校园里的快乐使者,很庆幸我选择了这份和学生打交道的职业。

有人说孩子是父母的一面镜子,我认为,学生是教师的一面镜子。当你带着笑意出现在别人面前,你也就成了别人的一面镜子,从而把快乐传递、反射、无限地扩大……此为镜子效应。我想起了下面这个故事。

在法国巴黎,有一家名叫派郎奇的早点连锁店。连锁店的生意很好,每天早上门庭若市,顾客络绎不绝,有的人专门从很远的地方打车到该店用餐。鲜为人知的是,连锁店的创始人劳·克利勃先生最初是个补鞋匠，后搭凉棚卖早点。成功的奥秘在哪里呢？原来这些连锁店除了管理正规、服务周到、饭菜可口外，还在每个餐桌上准备了一块大圆镜，店里的许多角落也都摆着大大小小、形式各异的立地镜。如果顾客需要的话，店里的服务员还会在顾客就餐后，送上一面印着店名的精致小镜子。

就是这些镜子帮了劳·克利勃先生的大忙。在巴黎这个生活节奏快的城市，有的女士早上急着上班来不及化妆，就利用等早点的时间化妆；还有的人借着就餐的机会，顺便到此来看看自己当天的仪表。一位常来这里的顾客说："不知为什么，我一走进这家店，就感觉眼前豁然开朗，特别有精神，总能保持昂首挺胸的姿势！"劳·克利勃先生由于想到了为别人准备一面镜子，使得自己财源滚滚。

生活中，我们不妨巧妙地为别人准备一面镜子，让别人及时看到自己身上的缺点。这是一种无声的帮助，是一种真挚的扶携！

2012 年 10 月

看见幸福的模样

前不久在北京师范大学实验小学培训之时巧遇一位教师，至今印象深刻，并以其为榜样。

一日，我在听课之前无意中经过一间音乐教室，看见一位年轻优雅的女教师在练书法，难道是美术老师？好奇间我走进去询问："您是音乐老师吗？"她很热情地接待了我，说她就是音乐老师（程老师）。办公室墙上贴着不少她的书法作品，字迹娟秀，张贴精巧，给人赏心悦目的艺术美感。羡慕的同时我不禁感慨："学生们在她的课上不仅能够学得音乐知识，还会被程老师的个人魅力所感染，学习程老师的好学、专注、典雅及其积极的生活状态和职业态度……好老师本身就是好教育！

赞叹之余我用心地感受整所学校的氛围，观察其他教师的工作状态，最终，在吴建民校长报告中我找到了答案。这一切都源于学校的管理理念和文化的浸润和影响。

吴校长说："首先要给教师宽松的环境，不让教师加班，但这只是表层的做法。实质的做法是将权限下放给教师，如此一来，教师便有了自主性。例如，关于奖励学生这个问题，教师可以自己做主。每学期每个学科可以使用2 000元作为奖励资金购买奖品。再如，在阅读工程方面，教师就想出了许多好办法，让学生循环讲、个体讲、团队讲、高对低讲。一句话，想出办法来我就支持！"吴校长也跟教师们提要求："日本、澳洲都在开展野营活动，我们能不能做呢？"教师们说："我们搞毕业旅行吧。"于是成行。

这样的氛围让我深深体会到学校在教师文化方面所付出的努力。在整个学校管理中，吴校长首先把教师放在第一位，重视教师的发展和幸福。如此，教师收获幸福感的同时会竭尽所能地教导好莘莘学子，回报学校。

吴校长将教师放在第一位，会不会影响学生的地位呢？在那天的课堂上，我想我找到了答案：50多岁的常军老师在与学生互动的过程中，不时地叫着学生们的昵称——"小黄你来说""小胡这机会留给你"……学生们的回应也同样随性自然。由此，学生在教师心中的地位可窥见一斑。这就是幸福的模样！

2017年6月

相信美的力量

——审美的人生是诗意的人生、创造的人生、爱的人生

上班路上，当车拐上高架桥时我看到了鲜红鲜红的太阳从高楼间的缝隙里透过来，顿时眼前一亮；又看到它在楼宇间时隐时现，红得可爱，亮得耀眼，且在楼群的映衬之下显得更为硕大，心中震撼并喜悦，不禁想起昨晚读书时看到的一句话——"对于自我实现而言，每一次日出日落都像第一次看到那样美妙，每一朵花都温馨馥郁，令人喜爱不已，甚至在他见过许多花以后也是这样"。

这是我每天上班的必经之路，每次开车路过都会看到不一样的风景——冷峻的金属框架、变化的几何图形组合、风干的丝瓜和藤蔓……

用发现美的眼光看待世界，体验它的无限意味和乐趣，这也许就是蔡元培所说的享受人生吧。

带着这种对美特有的敏感驻足回首，我来新的学校已有五个月了，我对教育之美的探寻也愈来愈清晰。因为学校管理的最高境界就是以文化育人，教育的最大秘密是使人走向完美,也因为我本身的内在认知和个人特点,所以我选择以美为文化载体达成师生对美的欲求,以美学文化重构学校生活。学校是一切皆有可能的地方,我相信美的力量。

◎ 追根溯源——寻找文化的根

1. 地域文化寻根。

"银雀山"其名源自临沂古城时期的银雀山上开满了银雀花,像一只只振翅飞翔的小鸟。为什么银雀花要长成鸟儿的样子呢?那是因为它有一颗飞翔的心。漫山遍野的银雀花象征着银雀人脚踏实地的实践精神,想象中展翅飞翔的银雀鸟代表着银雀人仰望星空的创新勇气。这就是银雀山小学所有教育者的一种情怀和精神,用自己的辛勤努力换来银雀山教育的腾飞,换来每一个学生的快乐飞翔;这就是银雀山小学美丽的教育愿景,它是一种现实的绽放之美,更是一种理想的飞翔之美。

2. 历史文化寻根。

全国著名的兵学陈列馆——银雀山汉墓竹简博物馆,因出土了《孙子兵法》和《孙膑兵法》而闻名于世。兵学思想体现的是一种军旅精神、一种爱国情怀、一种战略智慧、一种国际视野,教师可以借助兵学思想的精髓培养学生胸怀天下的大格局,成就一种大美!

3. 学校文化寻根。

天下问题,没有哪一样离得开读书,正所谓"读书成长,知行天下"。这刚好契合了银雀山小学的办学思想:教育,是一位爱读书的校长带领着一群爱读书的教师和学生一起读书;读书是世界上最美的姿态;学校的育人过程就是追求真、善、美的过程。为此,我们将校训改为"读书立美,知行天下",即以美为支点,以读书为杠杆,让学校里的每一个学生都能在读书中走向完美,让每个生命都活出属于自己的美好。

◎ 深度契合——让文化自然生长

教育的最终目的是要成人之美,教育就是要让人们活在美中,活得更美。为此,银雀山小学提出了致美教育的办学目标,即达到美、极美、精致的美、情趣的美。银雀山小学的教育理念是"以美育美,育天下之美";办学理念是"相信美的力量";核心价值观是"我美世界就美,心美一切皆美";校风学风是"各美其美、美人之美、美美与共";办学愿景是"给学生们一段最美时光";育人目标是"让每个生命都活出属于自己的美好";学校宣传语是"诗意银雀,以美育美,你好世界就好,我美银雀就美"。

如何让致美文化落地?在致美教育理念的引领下,致美教师沿着最美评价的主线,通过打造致美课堂,建设致美课程,培养致美学生,提供致美服务,实现"给学生们一段最美时光"的办学愿景。

◎ "以美育美"——唤醒生命之美

别开生面的"开学是甜的"第一课系列活动,生动地诠释了校训,给学生的学习生涯注入了强大的动力。"和自己在一起",教师、家长第一课课程,首届家委会的成立,使我们的教师和家长融入一个同行共荣的大团队中,壮大了我们的教育同盟,为银雀教育注入了能量和活力。缤纷的校本课程形成了系列,书法、美术、跆拳道、象棋、围棋、合唱、竖笛等社团活动蓬勃开展起来。我们的合唱团登上了临沂大剧院的舞台,成为全区唯一一所参加市级展演的合唱团。以"回归初心做教育"为主题的德育论坛,让每位教师明确了"好教师成就好教育"的理念。为了培养学生适应时代挑战的思维能力、质疑能力和交流合作能力,我校多次举办了"深度改课,促师生走进好课堂"的研讨会和推进会。著名儿童文学作家曹文轩进校园的美读月活动,让学生们近距离地感受了大师的魅力,收获了能量。我校还承接了山东省教育厅部署的菏泽市骨干校长跟岗培训的任务。近一个月的培训进程使学校驶入加速奔跑的快车道,我校"以美育美"的教育理念得到了更广泛的传播和认同。

与这一系列活动相伴的是教干教师的无私奉献和默默耕作。有的教师带病坚持工作,甚至带着生病的孩子坚守工作岗位,忙碌中,他们常常模糊了时间概念。不少教干教师在八小时工作时间之外仍在默默地付出,无怨无悔。同样令人感动的是,我校的家长们为校园增添了无限的温暖,他们多次进校帮忙清洗桌凳、门窗灯具,流感期间几乎每天都能见到他们义务消毒的身影。我校的学生尤为值得我们骄傲,因为他们在树立着银雀美少年的形象。银雀少年爱微笑、会问候,校园里随处能看到他们行鞠躬礼,听到他们亲切的问候声;银雀少年爱学习、会学习,每天清早他们进教室后的第一件事就是大声地朗读经典美文,他们已经养成入室即读的好习惯;银雀少年有责任、爱劳动,他们会把校园里的每个角落都打扫得干干净净。阳光、温暖、自信、优雅是银雀美少年的形象标签。

教育就是要发现美,就是要"善于抓住一个人在某个瞬间的好行为、好想法,在发现中肯定,在肯定中激励,在激励中传播,在传播中影响每一个人,让这些行为慢慢地从偶然变为稳定,由一个人的行为变为一个群体的共识,并逐渐成为一个组织中共同的价值追求"。发现美、传播美、创造美、成为美,让致美教育更加丰盈动人。

暑假在即,我将和教师们一起过一个书香暑假,一同完成"致美暑假 1+1"作业,做一个会审美的人。

1."美的眼睛 1+1",发现一点美 + 发一次朋友圈(图、感受)。

每天观察身边美好的人或事物,给自己一份快乐和幸福。

2."爱家 1+1",树立一个好的态度 + 做一件幸福的事。

家庭教育是教育的"根",也是我们生活的"根"。因此,应合理利用假期给"根"浇浇水,增加点营养。做好自己,关爱家人,树好家风,做一件让家庭和谐幸福的事。

3."书香寒假 1+1+1",必读《致教师》+ 选读一本自己喜欢的书 + 写一幅书法作品。

假期是加强学习和增加底蕴的最好时期。当学习和思考成为一种习惯,成功也将随之而至。通过假期读书打卡活动,养成每天阅读的好习惯,开学后评奖;撰写一篇读书心得,开学后上交评选,并进行专题读书交流会,通过讲座的形式展示假期的读书成果；坚持练习书法，开学后上交至少一幅书法作品。

4. "健康优雅 1+1"，坚持一项体育锻炼 + 保持一个良好的形象。

思想在路上，人在路上。

5. "规划成长 1+1"，培养一个兴趣 + 制订一份师本课程计划。

找到自己的一项专长或兴趣，结合自己的教育教学设计一项个人课程规划。

人生境界大不同，做人也要有个主题。我的人生主题就是一个字——美。

孔子认为，人生最高的境界乃是一种审美的境界。追求审美的人生，就是追求诗意的人生，追求创造的人生，追求爱的人生。人们在追求审美人生的过程中亦在不断地拓宽自己的胸襟，涵养自己的气质，提升自己的人生境界，丰富人生的意义和价值，最后达到最高的人生境界（即审美的人生境界）。这种人生境界，就是孔子"吾与点也"的境界，就是陶渊明追求的从"尘网、樊笼中挣脱出来再返回自然"的境界，就是明理学家所说的光风霁月般的洒落的境界。在这种最高的人生境界中，真、善、美得到了统一，同时，人的心灵超越了个体生命的有限存在和有限意义，获得了自由和解放。

2018 年 3 月

好教师成就好教育

最近听了一场报告会，也许是缘于报告中无数次的感动，也许是从中找到了努力的方向，我获得了能量，有着强烈的书写冲动。

许久以来，我对传说中的"板书姐"（王秀菊老师）一直有种期待，今天的报告会终于得以一见。这位火爆临沂教育朋友圈的数学老师，用她笔笔传神、美不胜收的最美板书征服了学生、家长和众多的教育同仁，在教育界引发了不小的反响。执教33年的她，将摄影、写字和剪纸等这些看似与教学无关的东西融入其教育教学的工作日常中，用美滋养着学生的心灵，让学生从中受到极大的启发和深深的影响。就像她解读自己的名字——不择环境，不慕繁华，不计得失，在自己的季节里粲然怒放。

其实，从她的身上我找到并印证了许多朴实、纯粹的道理。

◎ 育人是教育之本

多少人从事了多年的教育，却弄丢了初心。那么，请先按下"暂停键"，回望一下来时的路，找回初心。教育本应以育人为起点，就像《师说》所述："师者，所以传道受业解惑也"。王老师说："之所以将'传道'二字排在第一位，是因为学生就是老师的'翻版'"。这让我想起了开学不久的一次升旗仪式中的颁奖，当邀请教师上台领奖时，只有不足一半的教师来到台上，很多教师不愿上台。若这些"腼腆"的教师仍旧经常抱怨学生不自信，上课不敢大胆发言，也不敢提出自己的见解和建议，那么眼下他们为学生做了一个什么样的"榜样"呢？一位好教师首先要做好自己，不言之教，也不取决于教什么，而是当自己的觉悟达到一定境界后，会自然而然地形成一种精神力量。这种人格力量的流露和渗透，足以使学生自觉地提升觉悟。也就是说，真正的教育是一种潜教育，当学生意识不到他在接受教育的时候，真正的教育就发生了。

不言之教是教育的最高境界。如果校长和教师的德行俱佳，为人和善，有爱心且负责任，那么学生不会差到哪儿去，家长也更放心。校长最重要的职责之一就是找到这样的人，组建一支优秀的教育队伍，同时，将不是这样的人塑造成理想中的样子。

◎ 美是教育的本质

从王老师的讲述中我还有一种深深的感受——她在教

育和生活中时刻践行着美。她的板书、剪纸、摄影均是美的艺术,她的认真、坚持、爱心皆为美的行为,亦是她特有的美的人格;她善于发现和享受生活的美与趣。在她的引领下,学生们学会了审美,学会了生活,更学会了一种追求美的生活态度。这种审美启蒙对学生们的一生都将产生长久的超乎想象的影响。这也是我校在规划设计学校文化时将美作为银雀文化的核心词的一个重要原因。

康德说:"教育唯一能做的是使人性走向完美。"育人的过程就是追求真、善、美的过程,教育的最终目的是要成人之美。就某种意义而言,教育就是要让人活在美中,教育的过程就是和美好相遇的过程。美,是看不见的竞争力,是静下来做自己。美的教育就是让每个人笃定地成就自己的美。

◎ 永葆生活的激情与活力

53岁的王老师早已过了青葱岁月,却浑身散发着青春的活力。俞敏洪说:"人的青春分两种,一是生理年龄的视角,二是激情的视角。"有些年轻人不到30岁就倦怠了,就有了暮气,一旦有了暮气,衰败就开始了。那么,如何永葆青春呢?是成长,在比较和竞争中成长!年轻的时候比什么?比聪明?比勤奋?这个世界从不缺聪明的人,更不缺勤奋的人,缺的是既聪明又勤奋的人。年龄增长后比什么?是激情的持续性。年轻时有激情不新鲜,难得的是人到中年甚至老年仍充满激情,怀有好奇之心,敢于改变自我、发展自我、突破自我。

古人云:"山不在高,有仙则灵,水不在深,有龙则灵。"

课堂也是这样的,教师课上课下的激情就是"山中仙",就是"水中龙"。正因为满怀着对教育的热爱,王老师才会这般青春,这般活力四射。

在欣赏王老师的同时,应不忘反思自己。一年有 365 天,我们是过了 365 天,还是将同一天过了 365 遍呢? 期待我们每个人每一天都有所不同,每一年都能活出全新。教育者首先要回到自己,做好自己。虽表面上为别人,其实还是为自己;虽表面上在育学生,实际上是在育自己。这是因为教育实际上是从教育自己开始的,好教师成就好教育。

2017 年 12 月

船儿今天要启航

——写在毕业季

孩子，今天你就要毕业了。
我虽然叫不出你们的名字，
可我却能记清你们的模样。
无论在城市的哪个角落，
我都认得出你们——
在同一个校园里生活了六年的
我的孩子们。
这个平凡的日子里，
总觉得该对你们说点什么。

毕业前的这一刻，
请让我们静静回忆，
紧张而有趣的课堂，
热火朝天的球场。

老师的真心呵护，
同学的手足情谊。
一次次成功的体验，
一次偶然的失落……
请将一个真实的自我，
留给童年的记忆。

也许你并没意识到，
今天的意义非同寻常。
也许因为太多的喜悦，
也许因为些许的失落，
也许你们还没思考这个问题，
但你不要忽略今天的意义。
从此你将和童年作别，

打开生命的另一片天空。

对你来说，
今天是个放松的时刻，
更是一个启程的日子。
迈开你的双脚，
大步朝前走。
面对人生中第一次转折，
面对生活的第一次挑战，
你是否有所准备？

在登上高峰之前，
必定有一段艰苦的跋涉。
在赢得胜利之前，
也有一段不懈的努力。
相信没有白流的汗水，

汗水会浇开成功的花朵。
相信没有徒劳的耕耘，
人生的田野一定硕果累累。
这是你人生的宝藏，
这是你人生的精彩。

在一个崭新的境界里，
你将获得更加丰富的人生
体验。
童真浸润着生命，
长大从此刻开始。
沐浴着老师深情的目光，
带上母校深深的期待，
快乐的船儿扬帆启程！

2016 年 6 月

"笨笨"地做好自己

前段时间，学校的读书群建成了，要求每位会员每天上传自己读书笔记的照片。为了更好地督促大家并营造一种好的读书氛围，我坚持做好每天的过程性统计，就是在记录表中给每天交作业的学员积分。不久，有朋友问我："你每天这么记录多麻烦啊，又慢又耗费时间，还是找别人来做吧。"是啊，我怎么就没觉得这是件麻烦事呢？而且还自以为这样做非常有必要，每天晚上腾出十几分钟的时间做统计，以便能更好地督促大家继续读。想到这儿，我突然意识到，这也许就是典型的"笨"人思维。不过，这样似乎没什么不好。

我自知是一个"笨"人，所以从不拒绝做小事。而且坚信任何值得做的小事，都值得做好；任何值得做好的事，都值得做得尽善尽美。

我自知是一个"笨"人，一件事往往要做很久很久……也没有放弃。

我自知是一个"笨"人，所以我也不觉得麻烦，愚公移山、精卫填海、铁杵成针，讲的好像都是"笨"人的故事。

有了这个思考，回顾我的工作，就有了今天这个题目。

在这儿，我不讲大家都知道的事，大家都看到的，自不必多讲。我想说说大家不太留心的一些事，更想跟大家分享一下自己的心路历程。

◎ 面对校长，做好配角

校长是学校的领导者、最高管理者，负责学校发展的方向、领导和决策。因此，组织管理中，必须全面服从校长的领导和安排。

服从是素质，服从是修养，服从更是一名职业者的天职。基于此，我尽最大努力做校长的助手，坚决执行、落实校长的工作部署；深入实践，收集各类信息，便于校长决策；针对疑难问题提供有益的想法和建议；当然，自己在做好配角的过程中也得到了锻炼。

◎ 面对教学，做好主角

作为教学工作的分管校长，也作为教学中各种规划的执行者、问题解决者，我在每一个环节中都努力做到尽职到位。大到教学的改革措施，小到每一次的早读、午练常规的检查，我都会和教务处的同事们同甘共苦、一同战斗。他们的投入、忘我和执着常常感染着我，教育着我。我们常常互相提醒：工作上积极些，别等着校长催促。最普通的一句话，也体现着大家心中那份最质朴的担当。我想，这也是对校长工作最大的支持,也是自己在学校中的价值体现。

就这样,我们将教学日常工作做到无形,将重点工作做实在,将特色工作做突出。

◎ 面对同事,做好伙伴

学校的不少工作,其实是"你中有我,我中有你"的。因此,要想做好工作,还需要跟其他部门做好协作,要与同仁做好伙伴,相互关心,相互礼让,相互帮助,要做到"到位,补位,不越位"。

1. 到位。

尽量做到本处室的工作不留尾巴,不浮于表面,否则在整个学校中,若某一处室的一环出问题,可能会波及其他处室的工作。

2. 补位。

当其他科室的工作因受一些意外情况、客观变化等因素的影响,而出现一些紧急状况时,应积极顶岗协助,及时补位。

3. 不越位。

部门有分工也有交叉,应尽量做到礼让协调,既不能固守"本位主义",也不能越位。

◎ 面对教师,做好引领和陪伴

1. 不忘自己的教师本分,与教师平等相待。

上好课,做好自身该做的事,如备课、上课、批改作业卷。不能因为管理忙而推脱,更不能凌驾于教师之上。

2. 加强学习,做出成绩。

因为"笨",所以我始终努力通过学习让自己成为有真才实学的人,做了管理之后亦不敢丢掉业务,不敢脱离课堂,坚持做教科研,今年又有一个省级课题结题以及一个市级课题立项。

3. 做引领者。

作为分管教学的副校长,我很想带动更多的教师进步。我始终牢记自己的职责,借助管理平台将自己的教育经验、成长心得分享给更多的教师,带动他们成长。在专业发展方面,我身先士卒,率先垂范,切实指导、帮助教师共同进步。比如,通过课题研究带动团队进步,通过论坛引领教师反思提升,通过读书群带领教师读书。

我以前并不愿意承认自己是个"笨"人,可现在我越来越体会到,作为一个"笨"人的好处,因为:

只有"笨"人,才会做事特别卖力。

只有"笨"人,才舍得花心思去做小事。

只有"笨"人,才会傻傻地坚持努力不知道放弃……

作为一个"笨"人,我会继续坚持"笨"人的思维方式。

2016 年 12 月

第二章

以求美的精神做学问

漏风的牙齿如此美丽——

读窗前的小豆豆有感

　　初闻《窗前小豆豆》是一本颇为畅销并极具影响力的教育书时，我便从多方面了解它并读了部分内容。当我捧起这本书，走进巴学园的世界时，我突然间意识到：多少个可爱的小豆豆已于不知不觉间成为教师和家长眼中的"问题"学生。小豆豆是多么的幸运，她有一位理性的深爱着她的妈妈。更重要的是，她遇上了一位好师长——小林宗作。小林宗作其貌不扬，头发稀疏，门牙已经脱落，但脸色很好，个头不太高，肩膀和胳膊却很结实，总是整整齐齐地穿着一身已经陈旧的黑色西装。这就是小豆豆第一次见到的小林宗作先生。就是这位貌不惊人说话还有些漏风的校长先生，给了巴学园的所有学生一个美丽、快乐的童年，给了他们一个充满希望的未来。

　　没读这本书之前，我一直觉得自己是一名合格的教育者，对学生倾注了爱心并有责任感；读后才发现：我还没真正懂得教育，没有真正懂得学生，也没能真正走进他们的内心世界,对他们的关注和爱护仅停留在表面上。我不禁反思自己的教育行为并重新审视自己的教育工作。教育绝不能急功近利、急于求成,教育是慢的艺术,要学会在呵护中耐心等待每一朵花的开放。

小林宗作的教育方式看似平凡,仔细回味起来却富有深意,这正是他的智慧所在。其教育理念的核心是赏识学生,像珍视鲜花上的露珠一样呵护学生的自信心;而这也是我校一直追求并践行的教育理念,可结果却大不相同。这是因为小林宗作已经把这种理念完全融入其血液中,他所表现出来的关爱和赏识真挚、自然且不着痕迹。反观我校,如果小豆豆是我校的学生,所做的淘气事件一件接着一件,我们能像小林宗作一样始终如一地给予她足够的耐心、尊重甚至赏识吗? 答案不置可否。

我还注意到一个小细节:小豆豆好像特别关注校长先生已经脱落的门牙,文中也多次提到这一点。在多数人的眼中,漏风的牙并不好看,可文中每次描写到这一细节时,都给人一种非常亲切、可爱的感觉,其实这就是小豆豆心中最真实的感觉。在她的眼中,校长漏风的牙不但不难看,还有一种说不出的美,因为校长的悦纳和欣赏令她收获了太多的快乐和自信。

在回味和思考中,一个个温馨的场景反复在我的脑海中播放:

> 他——凑近小豆豆的脸,像好朋友似的,说道:"弄完以后,要把这些全都放回去。"

他——鼓励站在木马前的高桥君,说道:"没关系,你能跳过去的,绝对能跳过去的!"

他——笑眯眯地对着那个没话说的男孩说:"这就很好嘛!你早晨起床这件事就让大家知道了嘛!不一定非讲有趣的故事或者讲笑话才算了不起。方才你说'没有故事',可现在你找到了话题,这就很不简单呀!"

他——让小豆豆在对面的椅子上坐下,然后跟平时一样,毫不介意自己缺牙漏风,笑眯眯地说道:"不要哭嘛,你的头发真漂亮呀!"

是的,赏识能使人愉悦,能激发人的潜能,从而迸发出灵感。读完这本书,我真切地感受到了原汁原味的教育情境,感受到了教育者的真正魅力——漏风的牙齿如此美丽!

2010 年 9 月

坚持阅读，告
别平庸

◎ 让阅读成为需要

不知道你会否遇到以下的情况：想引用某个精彩案例，思绪却戛然而止，怎么也想不起来；想引经据典证明论据，那出处及作者突然变得无影无踪；想讲一个经典故事，情节怎么发展忽然记不起了……

"卡壳"的多次出现，说明原本知晓的知识正在被遗忘。只有不断地学习，才能够在巩固原有知识的基础上获取更大的信息量，了解那些不断更新的知识，从而促进自身的专业成长，保持竞争力。教师若不想被学生视作"老古董"，更要不断学习。阅读便是一种最直接、有效的学习方式。

◎ 让阅读成为习惯

曾有企业家向通用电气前总裁（20世纪全球最具杰出的经理人杰克·韦尔奇）请教："我们知道的差不多，但为什么我们与你们的差距那么大呢？"杰克一字一句地回答：
"你们知道了，但我们做到了！"由此可见，平庸和卓越之
间的差别就在于是"知道"还是"做到"。

我们都知道阅读对于成长具有重要的意义，行动起来
不难，始终如一地坚持下去才是成功的关键。我读的第一
本跟教育有关的书籍是李烈的《给生命涂上爱的底色》。
2004年，机缘巧合下我得到了这本书，书中的每一个事例、
每字每句无不传达着真挚的爱，令我受益匪浅。这是我读
完的第一本跟教育有关的书籍。此后，我又读了郑杰的《给
教师的一百条新建议》《没有办不好的学校》，李镇西的《做
最好的老师、家长》，雷夫的《第56号教室的奇迹》，黑柳彻
子的《窗前的小豆豆》。不知不觉间，阅读已成为我每天必
不可少的内容。

◎ 让阅读融入思考

开始阅读时，我太过急功近利，总想把当天读的内容立
刻转化为教学的本领。可读过之后发现，我无法通过一种
有效的途径将所读信息转化为教的行为，即听了书上的建
议，却没达到预期的效果。后来懂得，阅读是需要漫长的涵
化过程的。涵化过程就是由吸纳性质的"读"到外显性质
的"教"之间的一个中转站。要想达到预期的效果，一方面
要实现有效阅读，即在阅读的过程中不断地思考和修正自
己的教育观、教学观、学生观、价值观；另一方面要保证阅读
的持续性。对此，我采取了以下具体做法：第一，经常读关
于教育学、心理学以及教学论等方面的著作，养成翻阅各种

教育杂志的习惯;第二,做读书笔记,把经典内容加以总结、分析,并记录下来;第三,跟自己的实际联系起来,尽量将所读内容运用到工作中。

◎ 让阅读与写作相伴

应该在阅读的同时整理教育日记,做教育的有心人。一件事情,今天成功了,是怎样做的？有什么体会和感受？今天发生了一个矛盾,是怎么解决的？今天遇到了一个挫折,又有什么样的感受？将这些看似零散的内容记录下来,写下自己的感受,几年后选编出来,就是最精彩的书。那些迸发着"火花"的部分,对自己、对读者会产生些许心灵的震撼。

阅读能促进成长,引领教师过一种有质量的教育生活。

2015 年 11 月

美与教育的思考

　　学校兴则教育兴，教育兴则国兴，因此，应尤为重视学校的管理和发展。文化管理是学校管理的最高境界。对教师而言，文化能引领教师寻求自我实现，创造幸福的教育生活。对学生而言，好的学校能够在思想、智慧和人格上给予学生很多启迪。学校管理的价值就是启动师生、激发梦想、打动心灵，而这些需要通过学校文化的浸润才能完成。学校之间的竞争从深层看，是学校文化的竞争。唯有学校文化，才可能为学校和学校中的每个人提供可持续发展的最深厚的原动力和支持力。能否找到一种既能提升学校办学质量，形成独具特色的文化品牌，又能为师生现实幸福和长远发展注入力量，获得长期而有效的教育效果的学校模式，成为至关重要的一环。

　　◎ 打造具有深厚底蕴的精神文化，深度影响学生的成长

　　建设学校特色文化就是用健康向上的精神因素以及优

美的物质环境熏陶和感染学生,带给他们积极的影响,从而实现教学的目的,具有情境性、渗透性、持久性、暗示性、愉悦性等特点,对学生的健康成长有着巨大的影响,能充分体现学校内涵发展的精神底蕴。

学校旨在寻找一种模式,走出一条路径,给学生一生受用的关键能力和必备品格,从而帮助学生获取人生幸福的密码。现代教育的理念是"一切为了学生""一切为了学生的发展",因而,"自信教育"在学校文化建设策略构建与重整中显得非常迫切与必要。教育者们看中的不仅仅是学生在校六年的表现,更着眼于学生今后几十年乃至整个人生的可持续发展。本课题关注学生的需要,关注学生的幸福成长,符合现代化教育的发展趋势,符合国家素质教育与课程改革的要求,符合当前改革的实际需要。我们期许:牵动"自信"一发,联动教育整体,让学校中的每个人有所成、得其所,成为最美的自己,让"自信·尚美"成为学校管理的核心,成为学校精神力量的基础,成为学校发展的文化资源。让它深深根植于师生的内心,形成独具本校特色的学校文化!

学校文化是一所学校在长期的教育实践中积淀和创造出来的,并为其成员所认同和遵循的价值观念体系、行为规范准则以及物化环境风貌;其终极目标就在于创设一种氛围,陶冶学生的情操,构建学生的健康人格,全面提高学生的素质,形成影响其一生的核心素养。具体来说,就是以健康向上的精神因素以及良好的物质环境影响、感染和熏陶学生,从而实现教育的目的,具有情境性、渗透性、持久性、暗示性、愉悦性等特点,对学生的健康成长有着巨大的作用,体现了学校内涵发展的精神底蕴。

学校特色文化是指学校在教学、德育、科研、管理以及校园环境建设等方面形成的本校特有的、优于其他学校的独特优质风貌,是学校在一定的教育理念指导下,结合本校实际,经过长期的办学实践,创造性地构建新型的办学模式,形成的独特、稳定、优质、整体的办学风格和学校文化。

◎ 美的内涵

狭义的美是指优美,即一种单纯、完整、和谐的美,也就是古希腊式的美。平日所说的美多指这种狭义之美。但是,美学领域讨论的美是指广义的美,不仅包括优美,也包括崇高、悲剧、喜剧、荒诞、丑、飘逸、空灵等各种审美形态。美在教育中具有以下内涵:它是一种状态,即教育的状态、人生的状态;它是教育的内容,即德育、智育、体育的美;它是一种过程;它是教育的方法;它是教育的目标。

学校文化的内涵是特色文化的凝练,我校的美的文化构建的核心理念为自信,其中,崇尚自信为人格内核,追求最美为行为外显。我们坚信,有自信的内核,必有最美的外显;最美的外在,更能促成内心的强大。我们追求——以学生的成长为本,为学生成长注入动力,为学生的终生幸福奠基。我们主张——牵动"自信"一发,联动教育整体,让学校中的每个人有所成、得其所,成为最美的自己。

刘永胜在《教育就是唤醒自信心》中指出:"一个孩子只要有了自信心,就一定能感受到成长是幸福的,不断更新自我是幸福的,学习着是幸福的。唤醒孩子的自信心应当是教育的根本目标,从这个意义上说,教育就是唤醒自信心。"康德倡导使人性完美的教育,他在《康德论教育》中谈及教育的功能时有这样的表述:"教育最大的秘密便是使人性完美,这是唯一能做的。"他强调:"改善人性完全在于良好的教育。"换个说法就是"能使人性慢慢变得完美的教育才是良好的教育"。他认为:"人天性爱好自由,就必须摒除野性""向善必须为每一个人所承认,同时是每个人的目的。"他主张:"训练的目的是使人向善,进而走向美好。"事实正是这样:一个幼年忽略了训练的人,长大了必然粗鲁与无理。改善人性在于良好的教育。教育最大的秘密就是使人性完美,提高人的品格,使人性具有价值,进而使人看到美好的前途与希望。朱光潜认为:"当下教育亟须进行审美改造。"早在 1932 年,他为了纠正流行的实用主义、科学主义人生观,提出了"人生的艺术化"的主张。他认为:"实用的态度以善为最高目的,科学的态度以真为最高目的,美感的态度以美为最高目的","真、善、美兼具,才可以算是完全的人"。在当今崇尚工具理性的时代背景下,朱光潜的呼吁依然没有过时,当下教育亟须进行审美改造。蔡元培呼吁构建学科教育美学,他指出:"凡是学校所有的课程,都没有与美育无关的。例如数学,仿佛是枯燥不过的了;但是美术上的比例、节奏,全是数的关系,截金术是最明显的例子。数学的游戏,可以引起滑稽的美感。几何的形式,是图案术所应用的。"蔡元培不愧是卓越的教育家,有着与常人不同的关注点。他不仅将美引入学校教育,而且呼吁构建学科教育美学。在功利化的现实环境中,教育确需自觉追求教育教学审美化，让学生乐此不疲、兴味盎然地学习，使师生双方的主体性都得到充分的实现。

学校文化依托独特的地域优势和文化传承，探索以美的文化为主线的学校发展路径和实施策略，打造美的教育品牌，即在美的教育理念的引领下，打造美的教师队伍，通过美的教师实践最美德育，建设美的课程，锤炼美的课堂，从而培养美的学生；进行美的文化塑造的实践探索，凝练形成了美的学校文化理念体系，有效地引领全校师生走上"立美、寻美、赏美、求美、创美"的道路。让美的学校文化内化到每位师生的思想和言行中。

2017 年 12 月

做一名有思想的管理者

2019年8月8—9日,我参加了在沂南举行的临沂市小学学科教研基地座谈会,聆听了17位校长及其他与会领导精彩的会议发言,感受颇多,收获颇丰,反思颇深。

◎ 关于感受

对于刚刚走上副校长管理岗位不久的我来说,这是我首次参加如此层次的座谈会。与会的很多校长是教育界的前辈,他们丰富的实践管理经验和深刻的教育理解力都是我学习的目标。随着会议的深入进行,发言中迸发出的亮点次第闪现,大量的信息不断涌来,这些信息又在互相碰撞着,生发出更多新的想法。有时,我似乎有一种模糊的"茅塞顿开"的感觉。之所以有些模糊,我认为这可能是因为大量的信息充斥着我的大脑,找不到消化的空隙和沉淀的时间,还需要在以后的时间里慢慢地体会和思考,如同王德君校长所说的"回去好好'反刍'",消化吸收后才能真正找到豁然开朗的感觉吧。

◎ 关于收获

1. 学校的管理首先是教育思想的管理。

座谈会上每所学校的经验做法都值得我借鉴。当静下心来认真梳理这些经验的时候,我渐渐发现:众多好的经验做法的背后其实都离不开教育思想的支撑。也就是说,优秀的学校之所以出经验、有影响,是因为在其管理的过程中始终贯穿着具有其学校特点的较为深刻的教育思想内涵。归根结底,对学校的管理首先是教育思想的管理。这种管理并非停留在口头和书面上,而是指从日常的教育教学工作中发现问题,结合实际对教师进行引领。只有这样,才能抓住主线,提升学校管理的水平。

2. 学校特色建设就是一种坚守。

很早以前我曾听过这样的论调——某某学校几年前就搞这项特色活动,现在还在做,一点新意都没有,应该勇于创新,换一换思路。当时对这一说法我很是不解,试问:什么是特色,什么是创新呢?难道今天搞一个新活动,明天换一个新花样,就是创新,就是特色?!特色并非一蹴而就,而是需要长久的坚持和实践的积淀。李志刚校长说:"传承就是创新,规范就是创新,继承和发展是最好的创新。只有坚守才能更加突显学校的特色。"

3. 教学反思公开化，促进教师专业成长。

临沭县白旄镇中心小学的教师博客管理给我留下了深刻的印象。该校让教师的教育反思走向公开化，这一形式的广泛推广不但给了教师尽情展示的平台，而且使教师反思更加真实有效，改变了以往教学反思流于形式、疲于应付的思想。教师可以将自己的一些教学反思、研究成果等及时地发布出去，获得成就感，而且可以进一步提升自身的学习欲望和动机，无形中推动了教师的专业化发展。这是加速教师成长的最佳方式之一。

◎ 关于反思

校长也需要成长。听过一些经验介绍，话题多集中于学生成长、教师成长和学校发展等，我认为，校长更需要成长，尤其是年轻的副校长们。之所以有这样的体会，是因为我找到了自己与优秀校长们之间的差距。

校长是学校的灵魂，不仅是管理者，更是教育教学的领航者。自从担任副校长以来，我就深感工作之繁忙——校内事务多、责任重，上级督导检查勤，还有内外的应酬，再加上家庭负担等，总觉得头脑中有根弦绷着，塞满了任务，留给自己学习、思考和规划的时间少之又少。学校的计划和总结倒是有，年年一个样，"复制"加"粘贴"就出台了。俗话说，三步一回头，看来是有道理的。事物的发展过程就是螺旋式上升或曲折前进的。"回头"不是停滞，是在与原点的理想对照；"回头"不是倒退，是为前进找准方向。我认为,自我成长的最佳方式之一就要养成反思的习惯,把反思列入自己的重要工作内容,每日、每周、每月、每年都应安排固定的时间进行反思,查漏补缺,调整思路,为下一步工作打好基础。

2017 年 12 月

◎ 为什么要有教育

1. 教育有助于成人。

古人认为教育是人之为人的需要,教育是人与动物的区别。孟子说:"人之有道也,饱食、暖衣、逸居。"他认为教育可以保存先天的善性,从而让人成为君子;而荀子认为教育可以改造先天的恶性,教育可以成就个性。颜元认为人的质性是不同的,如果达到各自发展,就需要教育,虽然中国传统文化多偏重于整体,但也重视个性的发展。

2. 教育有助于国家社会,即教育乃治国之本。

子曰:"道之以政,齐之以刑,民免而无耻;道之以德,齐之以礼,有耻且格。"孟子说:"善政不如善教之得民心也。善政,民畏之;善教,民爱之。善政得民心,善教得民心。"颜元指出:"治理国家本源之地在学校。教育可以明人伦道德。"从孟子的"五伦"、董仲舒的"三纲"、朱熹的"宇宙之间，一理而已"到"四维八德"，即"礼、义、廉、耻，忠、孝、仁、爱、信、义、和、平"，这一系列的思想一直维系着中国社会的稳定、和睦与发展。

传统教育智慧之一：抓住了教育的实质，教育是成人的活动，高起点，把教育看成维护社会安定维护家庭稳定的因素。

◎ 什么人接受教育

1. 弟子与生源（生源不是现在的生源）。

弟子指的是所有人都可以接受教育，如孔子的"有教无类"和孟子的"人皆可以为尧舜，往者不追，来者不拒"。唐代"六学二馆"中，国子学指的是三品以上官员的子弟；太学指的是五品以上官员的子孙，这些学校不让普通老百姓的孩子去上学，我们今天批判的就是这些学校。

2. 教化万民。

古代各朝代都强调对万民（普通老百姓）的教育。普通老百姓大都懂得儒家思想，他们是从何处学来的呢？这种教育来自方方面面。清代李塨提出的"孝悌忠信，万民学也"，是官员在推崇儒家思想的学习；有些民间组织，如庙学合一的社会教化和以祭祀为主的活动，主讲者往往是地方官员，这些都是对普通老百姓的教育活动。

传统教育智慧之二：精英教育与民众教化相结合，学校教育与社会教育的一致性。

◎ 教育要培养什么样的人

1.培养"内圣外王"。

在《大学》里有三纲八条目,最著名的就是"大学之道,在明明德,在亲民,在止于至善"和"为人君止于仁,为人臣止于敬,为人子止于孝,为人父止于慈,与国人交止于信",此为三纲。格物、致知、诚意、正心、修身、齐家、治国、平天下,为八条目。

"人和义"到家庭就是"孝和悌",到社会就是"孝悌忠信礼义廉耻"。张载的横渠四句——"为天地立心,为生民立命,为往圣继绝学,为万世开太平"对今天有非常重要的作用。因此,习总书记倡导:"经世致用原则,发挥文以化人功能"。

2.孔子的观点是培养士和君子。子曰:"行己有耻,使于四方,不辱君命,可谓士也。"

3.孟子的观点是培养大丈夫,即"富贵不能淫,贫贱不能移,威武不能屈"之人。

4.荀子的观点是培养大儒,即有学问、品德高尚的知识分子。

5.墨子的观点是培养兼士、贤士。他提倡"兼爱、非攻、尚贤"以及培养品德高尚的人才。

6.王充的观点是培养鸿儒,即博学的人。

7.老子的观点是"复归于朴,复归于儿童",即复归到纯真状态。

8.庄子的观点是培养至人、神人、圣人、真人,达到人的崇高境界。

传统教育智慧之三：教育本位与社会本位、伦理本位三位一体。

◎ 由谁来教育

1. 师严与道遵的统一。

师道有两层含义：一是教师所传之道，必须尊重；二是为师之道，必须威严。古人不敢轻易为师，这是古代教育理论中一种正统思想，故而，教师一定要师德高尚，才能"亲其师，信其道"。

2. 师道与君亲的统一。

"君师结合，亲师结合"，古代给予了教师较高的社会地位。

3. 经师和人师的统一。

教师既要做经师，又要做人师；既要教知识，又要教学做人。

4. 教和学的统一。

教师的教和教师自身的学习相结合，教学相长，学而不厌，诲人不倦，教师要终身学习。教师的教要以学生的学为基础。朱熹认为，教师只是一个指引者、引路人、证明人。韩愈提出："是故弟子不必不如师，师不必贤于弟子"。

5. 宽与严的结合。

教师必须具有良好的职业道德，树立中庸的思想。

传统教育智慧之四：师严与道遵的统一，师道与君亲的统一，经师与人师的统一，教与学的统一，宽与严的结合，人文关怀和社会责任相统一。

◎ 用什么进行教育

1. 重道轻器。

传统课程的基本结构是"志于道，据于德，依于仁，游于艺"。

2. 重人伦哲理，轻宗教。

传统教育就是人文教育，关注人性涵养，关注社会与人生的导向。

3. 传统课程的分类：官学课程、"六艺"课程、必修课程。

从严格意义上说，古代没有教程，只有学材。

5. 经学课程：传统的《诗》《书》《礼》《乐》《易》《春秋》《六经》。

6. 实学课程：以颜元为代表的南书院的课程改革。

传统教育智慧之五：重道轻术，抑制了自然科学。古代是科学在民间，不外传。

◎ 怎样教育

1. "内求外铄"的教学观。

子曰："见贤思齐焉，见不贤而内自省也""不愤不启，不悱不发"；孟子偏向"内求"；荀子偏向"外铄"；朱熹强调"要穷理就必须读书"；王阳明强调"致良知"，强调心学；王夫之偏向内外结合。

2. 具体教育教学原则。

（1）立志养气。

（2）内省反求。

（3）改过迁善，及时反省，有过改之。

（4）虚壹而静，要虚心、专一而冷静地观察事物。

（5）启发诱导。正所谓"道而弗牵，强而弗抑，开而弗达"，应重视主观能动性的调动。

（6）因材施教。子曰："中人以上，可以语上也；中人以下，不可语上也。"

（7）知行并进。王阳明提出了"知行合一"。

传统教育智慧之六：一种以学生个体修养、体悟为主的模式。

让我们把传统文化中的精华渗透到中华民族亿万子孙的骨髓里，把文化教育同国家治理结合起来，尊重自己的历史文化，坚守和弘扬优秀传统，让传统文化不断发扬光大，让我们的传统文化在实现中华民族伟大复兴的征程上绽放如花！

2017 年 12 月

好的教育是一种合力

1月16日，我参加了"临沂市小学家庭教育联盟"成立仪式，和来自全市五个县区的九所学校的成员一起组成了家庭教育发展共同体。联盟校相约将结合学生特点和家庭教育实际，系统地开展"家长学校内容与课程建设""教师家庭教育指导能力提升""家长委员会（以下简称家委会）建设"等不同主题的家庭教育教研活动。联盟成立后，各联盟校将以联盟为基础，加强家校工作的研究和实践，优势互补，资源共享，共同提高家长学校的办学质量。联盟的成立促使我对家庭教育和家校合作进行了更加深入的思考。

◎ 教育的根在家庭

作为学生教育的主要承担者，家庭教育是关键。"三岁看大，七岁看老"，家庭教育的不可替代性，在于家庭对人性影响的早期性、全面性和深远性。19世纪瑞士民主主义教育家裴斯泰洛齐提出:"为克服家庭局限性的消极后果,人们建立学校。但是,人们决不能因此而期望,学校包括了对人教育的全部内容;也决不能因此而期望,学校能替代父母、客厅和家庭生活的地位,能为心灵、精神和职业教育做必须做的一切。"在裴斯泰洛齐看来,家庭教育不是学校教育的补充和助手,而应倒过来。这种说法虽然过于强调家庭教育的重要性,但在未来一段比较长的时期内,家庭教育与学校教育这两种人类的基本教育形态会相互依存、相互渗透、相拥而舞。

然而,时下经常出现学校教育过度和家庭教育失责的现象。不知从什么时候起,教师家访的意识逐渐淡薄,虽然也有家校通、校讯通等通信手段作为补充,但这毕竟与面对面的家访有着很大的区别,这不能不说是家校合作的一种缺失。

目前,国家积极倡导家风建设,因为决定一个人教养的并不是他的家境,而是他的家风。家风是一种无形的教育力量,家长的行为举止、思想情趣与道德观念能够综合影响自己孩子的学习与人格塑造等多方面的发展。对孩子的教育中,家长首先要做到"其身正",只有家长做到了,才能在家庭内部形成良好的、正直的家风,才会教育出有教养的孩子。但是,有些家长没有认识到这些问题,一味地关注孩子的成绩,忽视了孩子德行的培养,造成家庭教育相对薄弱。怎么办? 如何去引导? 如何帮助家长改变? 学校责无旁贷,校长亦责任重大。

◎ 发挥家委会的实质性作用

针对当前家委会在实际教育中存在的种种问题,如家校之间非实质性的合作,家长在参与学校事务的过程中缺乏公共服务精神,往往只关注自己的孩子,多少影响了家委会的威信和实际影响力。如何切实发挥家委会的作用,使家长和学生在其中获得成长,是我们亟待解决的问题,现将从以下几个方面着手。

首先,解决观念问题。加强教师和家长对家校合作观念的正确理解。如果只是把家校合作作为一种形式,或者从内心轻视家长的价值,或者把家委会看成是利用家长资源实现功利目的,那么家委会就会被边缘化,从而背离其育人的初衷。只有切实地重视家庭和家长在教育中的重要作用和价值,把家委会作为学校管理和发展的重要的支持性组织,才能为家委会作用的发挥奠定前提基础。

其次,精心挑选家委会成员。家委会成员决定着家委会能否正确发挥作用。现在的家委会成员往往是由学校指定的,家长的认同度较低,在家长中缺乏威信。因此,在家委会成员的选择上一定要重视家长们的意见和建议,使那些愿意为大家服务、有能力为大家服务的家长进入家委会。具体操作如下:首先,开学初发放家庭信息调查表,请家长简单阐明其教育观念、对孩子的培养目标、对学校教育的期望,以及对教师的希望。其次,简要介绍创建班级家委会的目的,请家长自愿选择是否加入,并在备注栏中填写个人特长以及愿意为班级建设提供哪种服务。然后,教师根据其意愿进行初步选择,并在家长会上公布候选人的情况。候选人要发表讲话,由全体家长投票选出主任、副主任、秘书长、咨询委员、活动委员、组织联络委员等,明确职责和分工。最后,主任要即席发表演讲。

活动是家委会发挥作用的主要载体,要结合学校和班级的实际情况,精心设计和开展丰富多彩的教育活动,密切家校关系,和谐亲子关系,促进学生和家长的共同成长。比如,可以组织家庭参加旅游、参观活动,开阔学生的视野,使教师更了解家长,家长也更了解孩子所在的学校和班集体,为未来的教育合作提供了良好的人际基础;可以建立家长QQ群,教师周末上线与家长共同探讨、解决教育中的困惑;也可以存放学生成长足迹档案以及学习资料文件。

家委会可通过家长学校使全体家长获得成长。家长的作用难以得到切实发挥的另外一个重要原因,就是部分家长自身的教育观念落后,能力素质不足。因此,要定期组织家长参加家长学校的学习,通过学习与教师和其他家长交流教育观念,沟通和分享各种信息,使自身获得成长。

◎ 建立家长资源库

学校应通过建设家长资源库调动家长的积极性,使他们重视、关心并积极参与学校的教育活动,在学校工作中发挥应有的作用。

1.通过各种形式发现和推荐家长资源。

(1)班主任推荐:了解家长的学识、修养和教育子女的水平等,积极向学校推荐学有建树的家长。

（2）家委会推荐：班级家委会在工作中发现优秀家长向学校推荐。

（3）学校征集：学校可根据工作需要，在家长会、校园网上发布消息，征募能胜任有关讲题的家长。

2. 建设"家长教师百家讲坛"的资源库。

（1）家长讲坛。

① 家庭教育专题讲座。

家庭教育需要"传帮带"，教子有方、教女有术的优秀家长的现身说法最具有实效性。

② 教师素养专题讲座。

教师平时忙于日常教学，为了与时俱进，需要经常"充电"。那些学有专长、术有专攻的家长可以扬其所长，帮助教师提高素养。这样的资源或许不多，但效果是相当好的。

（2）家长进课堂。

相对于教师和学校，家长来自社会的各行各业，具有不可取代的专业优势。邀请家长进课堂，不仅可以使家长担任班会课的讲授任务，而且可以承担文化课的讲授任务。家长资源融入学校课程建设，不仅拓展了校本课程资源，也为教师开阔了视野，有利于在对学生的教育教学中深化内涵，提升质量。

由于家长的职业背景不同，授课家长如何给学生、学校教师和其他家长等不同对象上好课，是需要研究的。教师应加强与授课家长的交流，增强讲授的针对性，提高效果；同时，要认真听课，并在课后与授课家长进行讨论。学校还应激励家长参与，激发家长的成就感。对在资源库工作中做出突出成绩的家长,学校应及时予以肯定;对特别热心教育、水平又高的家长,学校应积极邀请其在学校管理中发挥作用。

◎ 办好家长学校

怎样提高家长对学生的教育水平,办好家长学校是一个重要的举措。要教育好学生,应先提高家长的素质;而办好家长学校,也是广大家长的需要。学校可以根据需要聘请专家、学者、教育工作者等作为外聘教师作专题讲座、开展咨询活动;培养学校内部的家庭教育专家教师,承担对家长的报告和培训任务;各班班主任和任课教师也是家教辅导员,负责对家长进行辅导。学校制订好家长学校的学期工作计划,排好课表,定期或不定期地举办家长课堂、集体培训等。

家长学校的课程设置要结合本校实际,注重针对性和灵活性,同时,保证家长的参加率,一般可利用双休日或晚上的时间。教学时间以一个小时为宜,教师应提前通知家长并要求其准备好,使家长到家长学校有话可说,有事可做,有备而来,有所收获。家长学校课程设置要灵活,辅导时间和次数应不影响家长的工作。在辅导方法上,应采取以讲座、交流、咨询、阅读相结合,集中学习与分散学习交叉进行(可分别以校、年级、班级为单位)的方式。可适当组织家长交流教育子女经验,推荐介绍优秀家教读物,开展问题研讨,征求家长对学校教育教学等方面的意见和建议。

开设网上家校联系箱,及时收集家长对学校和教师的意见、建议；开设家长热线，倾听家长心声，解答家长疑难；举办家庭才智展示活动，展示学生和家长的字、画、文章等。

家长学校活动还可与家长会、家长开放日活动进行有机结合。

好的教育是一种合力。家校合作的目的就是积极地引导广大家长成为学校的同盟者，成为教师的同事，和孩子一起成长，因为影响孩子最有效的方式就是和他们一起成长。孩子是最出色模仿者，他们拷贝教师和家长的行事风格，他们会传承我们身上的许多东西。请教师和家长都能从做好自己开始，成为孩子身边最好的榜样。

2017 年 3 月

　　近日,我读了王式斌校长发表的《落实寒假体育作业,养成运动习惯》,如沐春风,受益颇多。当所有学校的校长把体育看成和语文、数学一样重要的时候,标志着我们的教育到了一个前所未有的水平。

　　现在学生们的活动量是 50 年前的一半,缺少阳光和运动,这样的未来其实很可怕。

　　0～25 岁,是人的生长发育期,这一时期内人的身体素质最好。25 岁以后,如果很劳累,危险便会随时发生。有不少名人未到垂暮之年便疾病缠身甚至离世,就是因为缺乏锻炼。锻炼讲究方式,也讲究时间,要在最适合锻炼的年龄进行。

　　1. 学校体育必须有一套的长效机制。

　　让所有的教师都知道体育锻炼的重大意义,设置好的体育项目,让学生们积极参与。这里最重要的一点就是要立即行动起来。王式斌校长的学校让所有学生下横叉,练了三周,学生们就差不多做到了;如果是二年级的学生,不到三周就完全可以下去。

科学告诉我们,体育运动可以塑造更聪明的大脑。运动可以促进神经元的产生和连接,运动导致额叶体积增大,强化大脑的执行功能,运动促进海马区体积增大,运动能提高控制注意力的神经传递水平。科学研究证明:运动员的智商要远远高于常人的平均值,几乎所有的运动都会使创造力提高。身体运动智力是决定成功的十种智力(数学智力、空间智力、语言智力、自然智力、音乐智力、身体运动智力、存在智力、人际交流智力、个人内在智力、情感智力)之一。

运动是情商的助燃剂。成就方程式告诉我们:20%的情商 + 80%的智商 = 100%的成功。运动就是智商与情商的完美结合。科学告诉我们:自信、自尊、坚持、拼搏等优秀品德来自运动。毛主席说:"体育是载知识之车,而愚道德之舍也。"他到晚年还到长江游泳。

2. 学校体育应重视体育道德与文明行为。

什么是道德?道德是指知行合一地践行。放学时你会看到不少学生的书包都由家长背着,这样的教育能培养出孝敬父母、担起责任的学生吗?

体育运动除了可以强身健体,还可以锻炼学生的品格,让他们懂规则。例如,有次足球比赛,日本队平时的成绩很好,本可以夺冠,但因为本队的几名运动员迟到了,于是日本队的教练不让他们上场,并派替补队员上场,最后获得了第二。这样的体育既是教育也是德育。因此,学校体育一定要重视德育教育,重视规则。

3. 体育锻炼需要家校协同。

如果学生在学校开展体育活动和体育课程中发生意外,学校会第一时间采取措施医治并通知家长,这时更需要家长的理解和配合。

2018 年 1 月

◎ "不管"是最好的"管",处理好"管"与"不管"的关系

以往在跟一些优秀学生的家长交流时,听到最多的一个词就是"不管"。当时感觉这只不过是一种谦虚或者保守的推托,但在后来不断的实践中,我对这个词有了新的理解。通常情况下,家长对孩子的管教有两种方式:一是陪孩子学习,这种做法类似于监视;二是向孩子发出各种指令,这种做法相当于命令。这两种做法都有一个共同之处:家长都在扮演一个貌似权威(离真正的权威相去甚远)的角色。世界上没有人喜欢被别人呼来唤去,哪怕这个人是自己的父母。这种服从往往伴随着压抑和不快,久而久之,他们会觉得不舒服甚至烦躁,以致出现不听话、不自信的情况。

随着时间的推移,我越来越体会到:在家庭教育中,家长对于孩子的学习管理,宜粗不宜细,松紧要适度。比

如，家长经常说："你还不赶快去写作业！""又该听英语了吧？""这道错题怎么还没改！"结果往往适得其反，人家本来打算要去做这件事儿的，家长发号施令，心情难免变差，没有了好心情，啥活也干不好。不妨换种方式："今天学习挺累的，多休息一会儿再去学习吧！""我听你最近读英语时发音很标准噢，真想再听一听！"如此这般婉转一下、艺术一点，孩子们会更加乐意接受。当然，所谓的"不管"并不是放任自流，做个甩手掌柜要不得，整天忙着应酬、喝酒、打牌更要不得。

孩子们一天天长大，越来越有主见，他们每天的行为都或多或少地对家长们的心理形成挑战，这需要家长们用足够的理解和耐心去消解这些负面情绪。那么在"管"与"不管"之间应如何把握这个度呢？有人曾把婚姻比作捧在手里的沙子，抓得越紧，得到得越少。我觉得这句话用在教育孩子这件事上再合适不过了。"管"就是用心捧住沙子，让孩子知道他/她在你的掌控之中；不抓得太紧，让他/她感觉不到你在"管"他/她。你用心"管"了，孩子却感觉不到，这便是"管"的最高境界。

◎ 不打着"为你好"的旗号指手画脚，做个"听话"的家长

说起传统的家庭教育，不免想起这样的场面：孩子不听话时，不少家长会横眉冷对、大声呵斥，孩子一旦表现出不满，得到的最常见的解释就是"这都是为你好"。其实换位思考一下，这是一个多么蛮不讲理的说法，难道为谁好，

就可以恶狠狠地要求？我们这样对朋友行吗？这样对同事行吗？当然不行！既然这样，如此对待孩子也是行不通的。有的家长认为自己要求孩子听话，是件再普通不过的事情，而且往往会采用高高在上的命令式。这不仅会引发孩子的反感，而且对于家长的好意，孩子一点都不领情。

应该尝试做个"听话"的家长。对于渐渐懂事的孩子，这也是以尊重换尊重，用自己的"听话"教会孩子怎样听话。当生活中孩子有一些细节小事请家长帮忙时，如写着作业时请家长给倒杯水，钢笔没墨水了请家长协助一下，家长应高高兴兴地提供帮助。有时孩子有些感动，有时会为此不好意思拒绝家长的一些小要求而变得听话起来。当然这样做也是有原则的，家长不能一味地言听计从，不能突破基本的底线，对没有礼貌的发号施令、交换条件、无礼的话语，一句也不能听，否则就是纵容。

◎ 不过分关注成绩，学会赏识，树立自信心

回到家，我也是一名家长。以前，我总是对儿子的学习成绩不甚满意，时常将他与别人家优秀的孩子进行对比，比得儿子一点信心都没有。相信有很多家长朋友也是这样，总是把自己的孩子看成最聪明的孩子，既然聪明就应该考最高的分数，因此，常常对孩子表现出失望的情绪。当孩子考不好时，不是批评、抱怨，就是唉声叹气，这对孩子的自信心是极具杀伤力的。

后来，一次偶然的机会，我看到了陶行知的一句话："你的教鞭下有瓦特，你的冷眼里有牛顿，你的讥笑中有爱迪

生。"瞬间,茅塞顿开。是啊,每一个孩子都需要家长和教师的微笑和鼓励,那是他们成长的动力和源泉。

家长可以尝试着不过分关注孩子的成绩,无论孩子考得什么成绩都要接受,并以此为基点,及时鼓励孩子设立新的目标,不断超越自己。考得好了,给予肯定,但不过分欣喜;考得差了,先自我平静再鼓励孩子,给孩子解压,增强孩子的自信心。

◎ 控制看电视,营造良好的学习氛围

台湾作家李敖认为,电视机是批量生产傻瓜的机器,因为人在看电视时,大脑会处于半睡眠状态,不主动思维,特别不利于智力发育期的青少年。该观点虽有些极端,但说得不无道理。建议家长们严格控制孩子看电视的时间,同时,自己要做到少看,尽可能地减少环境的诱惑,而不只是劝说孩子去抵抗诱惑;还可以在家中设置读书角,将以前看电视的时间改为看书读报。

◎ 不让家庭变战场,让亲情成为最好的家教

营造和谐的家庭氛围直接影响着孩子的心情、性格和学习状态。苏霍姆林斯基曾说:"夫妻之间的感情不仅仅是两个人之间的爱,它也是一种无声而有效的家庭教育。在良好和谐的家庭氛围中长大的孩子,我能一眼就认出来,他们心地善良、温和、宁静、心灵健康,真诚地相信人的美好,听信老师的话。"他特别对男人提出:"要记住,你想教育好

孩子,首先就要真心喜爱自己的妻子……好的丈夫会给自己的家庭创造幸福,于是这种温暖如同太阳的光辉照耀着玫瑰花,这种温暖将变成你孩子的精神珍品。"的确,这不仅是一种情感,又是一种教育。这是一个很朴实但最容易被人忽视和遗忘的道理。为此,应关注家庭氛围的和谐,因为在这种氛围下成长的孩子,性格阳光、单纯。

家庭就像一条河,父母是上游,孩子是下游,当河流下游出现一些问题的时候,一定要先从上游开始治理。所以,要想改变孩子,应先从父母开始!

2011 年 11 月

2012年，我赴北京参加了新东方家庭教育高峰论坛。本次论坛以"中国家庭教育的责任与未来"为主题，来自全国各地的1 000多名教育专家、学者、一线教育工作者和家长代表参与了论坛活动。论坛通过主题演讲、圆桌对话、家庭情景剧、主题辩论等方式探讨了诸多家庭教育方面的问题。与会期间，我聆听了中国教育学会家庭教育专业委员会理事长赵忠心老师，中国社会工作教育协会副会长陆士桢老师，中国家庭教育学会常务理事、北京教育科学研究院研究员王宝祥老师，台湾师范大学教授、著名亲子教育作家黄乃毓老师，中央电视台节目主持人阿果，著名心理学专家李子勋，著名青少年心理专家宋少卫，中国科学院心理研究所主任张梅玲老师等专家学者的精彩演讲。会上有很多精彩论点值得回味。

◎ 孩子培养的核心圈理论

新东方教育科技集团董事长俞敏洪在论坛中发表了"走进理想的教育"的主题发言,他提出了孩子培养的核心圈理论。培养一个孩子就是把核心圈放在爱和良知上,此为第一圈。大爱是无边的,爱分成三大块:爱自己,爱别人,爱自然。这三大爱放在一起构成一个人的完整的爱。然后围绕三大爱再给孩子灌输"真、善、美"三大理念。第二个圈就是理想和梦想圈。光有前面的圈是不管用的,要用理想和梦想的光芒让孩子产生积极向上的心态,并让孩子拥有一辈子对于生命的激情。第三个圈是行为圈。知行合一,即根据前面两个圈,根据孩子的内心,根据孩子的理想来规范他的行为。第四个圈是学习,通过前面第一个核心圈的引导,在行为得到规范之后,就到了最后一个圈,即学习。一个人通过学习就会领会宇宙和世界,就会有大爱,就会更加富有智慧。四个圈形成一个自然状态。

◎ 给孩子种正向的种子

中国青少年研究会副秘书长曹萍曾在"第四届新东方家庭教育高峰论坛"上做了精彩的主题演讲:"一定要相信每个孩子都是优秀的,哪怕孩子犯了错误,家长也要相信他是优秀的。如果家长能做到这一点,孩子就会发现家长的眼神充满爱意和希望,语气也变得温柔起来。亲子沟通,文字内容只占7%,而语音、语调、肢体语言、表情合起来占93%。当家长不相信孩子、怀疑孩子、否定孩子时,孩子都能第一时间感觉到。家长要相信,孩子犯错误是暂时的,他需要改变,总有变好的那一天。这样想不是自欺欺人,而是在孩子的心中种下积极向上的种子,等到孩子长大了,那便是他的核心价值观。"

◎ "是什么"比"做什么"重要

我国台湾师范大学教授、著名亲子教育作家黄乃毓在发言中指出:"以前在讲父母教育的时候常常是针对父母应该做什么,其实现在我们会慢慢把方向转向你是什么比你做什么重要。父母存在在那里,其实就是在教育孩子。我们好像会把教育这个层面,从你怎么当人家的父母开始转移,要做好父母就要学会当夫妻,要学会当夫妻其实很重要的是要学会做人。当我们慢慢把这个方向往这边调以后,就觉得家庭教育做起来会更扎实。"

◎ 学会延迟满足孩子的要求

延迟满足对于家庭和孩子意义重大。延迟满足是美国心理学家沃尔特做实验得出的结论。他把一群孩子放在观察室里,每人发一块糖,然后告诉孩子们拿到糖就可以吃,能等到老师出去办点儿事回来再吃的,老师会再给一块糖。这是个很简单的实验,他记录下来谁会在老师一出门就吃糖,谁会一直等到老师回来再吃糖。根据这个实验,他跟踪了 30 年,最后得出了一个结论:每个老师一出门就吃了糖的孩子,他的学历等方面都在同辈中处于倒数位置,也就是说，这些没有忍住的孩子，他们的成就非常低；那些等到老师回来又要了一块糖，去享受更大快乐的孩子，他们的成就指数都为30％。据此实验，2001年一个美国人得出了"任何一个人要想获得成功必须具备延迟满足素质"的结论。家长给予孩子的法则就是亟须的要快给，品牌的要少给，能自己造的尽量不给。

古巴的孩子从小就不可以看电视和玩电子玩具。心理学里面有一个相对论，即1～3岁的孩子对于一件东西的兴趣处于一个预设阶段，如果在这个时期给他的东西太过复杂（如你让他看大量的动画片，他的注意力的兴趣参照点就会很高），到了幼儿园、小学的时候，他的注意力就难集中。试想，哪个老师讲的课能有动画片好看呢？所以在孩子小的时候，电子化的东西要少给和晚给。

◎ 做智慧的家长

中国科学院心理研究所小学教育发展中心主任张梅玲指出："智慧的家长需要读懂孩子这本书。同一个孩子在不同的状态下有不同的需要，请我们的家长跟孩子学会情感交流、学会情感共鸣。第二本书是我们写好一本书，这本书是你的言行。我们智慧的家长要好好学习，我们的孩子们才能天天向上，家长的行为就是孩子的未来。请你记住这两本书。"

学校的管理中切不可漠视家庭教育，家长也不可把孩子所有的希望都寄托在学校和教师的身上。家庭教育是最重要的教育，学校也要担当起这个责任。除了做好学校的本职工作，还要带领着家庭共同培养好孩子。只有家庭和学校共同担当责任，才能创造教育的美好未来。

2013 年 10 月

人工智能时代
教育如何适应

◎ 教育能做什么，该做什么

今天的学生将决定我们国家未来能走多远；而这些学生们的未来，就落在我们今天的教育者身上。那么在基础教育小学阶段，我们应该做些什么呢？

1. 排除学业过剩的"陷阱"，这是当好校长的关键。

以课程标准为依据，回到课程标准，教育只要达到课程标准的基本要求就可以。例如，《义务教育数学课程标准》（2011年版）中规定，对于口算题，四年级学生只要每分钟做出6～8道四则运算题就可以。但是现在呢？我们今天只是满足于对分数的不懈追求。从80分提至90分，相对容易；从90分提至95分，是很难的，这需要标准的答案；从95分提至99分，需要消耗学生大量的时间，最令人担忧的是，这会削弱学生的创新能力。

2. 要给学生自由选择的空间。

教育评价，最关心的不是教学成绩，而是学生有没有自由选择的空间，从而满足他的兴趣和好奇心。还学生学习主动权、自主权。要让他们有部分选择权，从小培养他们把控自己的能力。如果学生全部依靠教师，以后该如何独立？！因此，在课程之外，一定要多给学生选择的空间。

3. 校长要引领学校走上"正常轨道"。

与欧美国家相比，我国的教育仍有不足。因此，要尽快补足我们的短板，加强对学生实践能力、创造性、好奇心、兴趣爱好的培养，增强学生的民族自尊心和自信心，帮助他们树立正确的人生观和价值观。

随着信息社会的到来，在云计算、网络化、大数据面前，这种不平衡与不充分变得更加急迫。新技术给人类带来了巨大的挑战：无人战机应用于战场；机器战胜国旗高手；阿尔法狗的弟弟自己学习了三天，就以 100∶0 战胜了他的哥哥……很难想象，未来人工智能会走到什么地方。

人类的职业正逐步被机器人取代。例如，诊断癌症病人，专家的准确率只能达到 50%，而机器人的准确率可以达到 90%。与培养人才相比，研发智慧虽然很难，但是一旦解决，就一劳永逸，可是培养一位医生需要十几年，并且不能复制。未来，教师 70% 的工作量可以被机器人代替，但是情感领域很难被替代。因此，学校应将知识讲解交给机器人完成，将教师从繁忙的工作中"解放"出来，充分发挥教师的不可替代性，使二者完美结合。

人工智能包括以下几个方面：弱人工智能，即通过模仿习得人类拥有的确定性知识技能，但是离开这一领域，什么也不能做；强人工智能，即一切都可以做；超人工智能，即拥有人类的情感与智慧，是人与机器的混合体。

◎ 提升公民核心素养，迎接严峻的挑战

现在最受全球关注的七大核心素养是沟通与合作、创造性与问题解决、学会学习与终身学习、批判性思考、信息素养、自我认识与自我调控、公民责任与社会参与。

指向核心素养的教育包括强调课程内容与变化的世界密切联系；任务驱动学习和跨学科学习；注重经历与体验、高层次认知能力、独立思考、批判性思考；注重人文精神——理解、沟通、合作、责任、尊严、个性（书法和剪纸）、创造性。

这里有以下几点启示：一是，促进学生全面发展。二是，促进教师的专业成长。对于教师，一个重要的基点就是认真学习和领会课程标准，逐渐改变自己的境界，找到一个脉络：考试导向→教材导向→课标导向→学生为本。优秀的教师，一定是课标的导向。三是，核心素养和学生的真实水平相关。针对每一节课，教师都要提出好的核心问题，两三个问题就可以了，这样做的目的是要引导学生深度学习。

做一名好校长，80%靠思考，20%靠管理。面对即将到来的人工智能时代，校长们应全面提升领导力，学会思考，学会和现代技术对话，成为令人尊敬的领导者。

2018 年 1 月

◎ 思维导图的发明来历

听过这样一个故事：

在英国,有个成绩普通的学生和一个学霸读同一本书,结果他发现,两个人的收获很不一样,这个成绩普通的学生心里很不平衡,想弄明白是什么原因,于是他尝试去研究。他认为他和学霸的区别就在于大脑的使用方式不一样,他想找到更好的使用大脑的方法,进一步弄明白学霸的思维轨迹。

他开始研究牛顿、达·芬奇的笔记。经过研究,发现在他们的笔记中有很多的图,这些图是帮助他们识记知识的一些方式。他还发现这些图竟然和神经元的发散模型有点相同。于是,他继续研究,终于找到了一种全新的思维方式,这就是思维导图。再后来,他发明的思维方法在英国BBT电视台连续播放了十年,这个人就是东尼·博赞。

◎ 思维导图不仅有助于记忆,更有助于创新

波音公司在成功制造波音 737 之后,就想着研发波音 747,可是经过预算,发现费用犹如天文数字,于是公司采用创新思维模式,在原来波音 737 的基础上进行了改进,使得研发费用锐减。

人们往往习惯以逻辑思维的方式进行思考,然而,大量成功的案例表明,创新是不会从逻辑中产生出来的。现在应该换一种方式来思考,也就是利用思维导图来思考。

比尔·盖茨认为,思维导图是未来人们获取与处理信息的主要工具,因为每个人都需要处理信息的能力。可是,人们的大脑中全是漂浮物,如何织出一张网,把漂浮物变成稳定的结构,并把没有用的漂浮物舍去呢?思维导图就可以做到,它可以帮助人们织出这张网。

◎ 思维导图是一种工具

工具是用过之后才会使用的,而不是教会的。

有位成功人士,他每次的创业领域都不一样,可以说是跨行业成功,他是怎样成功的呢?他就是利用思维导图(想)、PPT(理顺)、甘特图(执行工具)来实现的。这些也可以代表三种类型的人,即有的人负责想(思维导图),有的人负责理顺(PPT),有的人负责执行(甘特图)。例如,乔布斯是思维导图类型的人,而库克是执行型的人。

现在思维导图风靡世界,更是英国、德国、新加坡等国家的必修课。思维导图重视思维过程。例如,新加坡有一

种现象——小学生考试对着平板电脑说话,这种考试既要答案,也要思维过程。再如,德国考试除了发放试卷还会发给学生两张草纸,上交时,既要交试卷,又要交草纸。教师在批改时,即使试卷上的答案错了,只要草稿纸上的思维过程是对的,也可以得分。

◎ 思维导图可以彻底改变学生的学习方式

例如,在历史课上,教师让初一的学生在一个小时内用思维导图的方法记住初二学生整个学期的内容,然后进行测试,平均分竟达 80 分,这让所有的教师和学生大吃一惊,这就是思维导图的神奇之处。

◎ 如何画思维导图

1. 画思维导图时,不要用直线,用柔软的线条比较好。
2. 画思维导图时,最好使用不同颜色的笔。
3. 思维导图应只有一个中心,向四周辐射。
4. 列思维导图时,要理清脉络,逻辑分明。
5. 完成思维导图的过程,就像编织一张网。

特别之处就是思维导图是从知识精加工型学习到知识贯通性学习。利用好思维导图,有助于学生在相同的时间内完成难以想象的学习任务。

◎ 思维导图为什么有如此的效果

1. 结构的力量:利用思维导图可以把无意识的学习方

法变成有意识的记忆。

2. 图形的力量:我们通常用文字叙述的方式进行记忆;研究证明:神经元用文字叙述,远远不如用图表示有效。

3. 色彩的力量:思维导图可以用色彩区别出不同的知识脉络。

人脑分为左脑和右脑,中间的部分是胼胝体,它是连接左脑和右脑的神经纤维。左脑和右脑的功能是不同的,有的人偏爱左脑,而有的人偏爱右脑;同时有效运用左脑和右脑是最为科学的用脑方式。事实证明,许多科学家都在同时使用左脑和右脑,如爱因斯坦不但是位物理学家,还是位音乐家,他的小提琴拉得特别好。如今,过去的许多事物都被颠覆,而颠覆就是创新,就是思维变革,这在以前是想不到的。思维导图就是同时发挥左脑和右脑的功能作用。

对于校长来说,有三种能力很重要:布局、用人、融资。思维导图就是多一个维度看人。

在一般情况下,人使用左脑和右脑的方式不一样,所以人的思维也不一样。例如,当你旅游时,发现有的人喜欢导游,有的人不喜欢;当你听报告时,发现有的人记笔记,有的人不记。为什么同一情境下大家的喜好会有所不同呢?这里面起作用的就是左脑和右脑的冲突。

◎ 思维导图对团队管理的作用

世界上没有完美的个人,只有完美的团队。怎样打造完美的团队呢?

首先,要经营好自己的长处。时代不一样了,木桶定律现在不是把短的做长,而是把长的做得更长。

其次,领导要留得住人,看得懂人。

怎么才能看懂人?让他去画思维导图。怎么画?按照思维导图分支逐步画。根据这个人画思维导图的步骤和方式,就可以判断出这是一个什么思维方式的人。

人们看东西时,往往只看 20%,而忽略 80%,这就是为什么我们做的 PPT 文字越多,越没有人看。因此,讲话时关键词很重要,好的思维导图一定是关键词清楚明晰的。

◎ 思维导图铸就卓越领导力

卓越领导力来自哪里?其中有一点就来自有效的思维和沟通。

1.利用思维导图进行有效沟通。

沟通分为口头表达和书面表达两种形式。不论哪种表达方式,都必须有清晰的推理和逻辑,也就是从已知判断得出未知结论的过程。我们在与各级部门沟通时,有时会出现不知道想表达什么的情况,这就是沟通思路出现了问题。其实,对方关注你说话的时间很短,因此,要采用恰当的方式进行表述。对上级应注重结果,对同级应侧重过程,对下级应关注有效授权,从而达成清晰、有效的沟通。

2.利用思维导图作报告。

外出作报告时,有时会遇到突发状况,使得本来很短的报告变得很长,或原本很长的报告变得很短,让人措手不及。为了避免尴尬,可以充分利用思维导图让我们随时应变。待报告时间确定后,利用思维导图做超链接就可以。

3. 利用思维导图进行创新。

可以利用思维导图来指导写作,此时最需要的是创新思维。那么,如何进行创新思维呢? 创新不是冥思苦想得来的,而是来自外在的刺激和灵感。

2018 年 2 月

第三章

以"寻美"的姿态当校长

"忽视"也是一种美

对于特殊学生而言，他们需要的其实就是这样的"忽视"——"忽视"他们的失误，"忽视"他们的尴尬，"忽视"他们那些不想为人所知的缺陷和隐私。

曾经听一位教育的前辈说过一句话："最好的学校教育其实就是让学生自然地成长，就像田地里的幼苗，让它生长的最好办法就是不要随意走到里面去，以免踩到或伤到它。"

几个月前，辖区内各小学举行特色展示活动，在观看某个校区的课间操表演时，我见到了一个非常特殊的学生。当时全校 2 000 多名学生已在操场上表演了好几套韵律操，给前来参观的领导和教师们带来了视觉震撼。最后进入集合跑操阶段时，在学生们一圈圈的富有活力和整齐有序的循环跑动中，一个光头女学生的身影突然跃入了我的视野，引起了我的注意。

好奇中我关注了她很久。她没有一丝自卑和羞涩，动作轻盈，节拍协调，脸上洋溢着开心投入的笑容，完全融入整个大团队的热烈氛围里……这是什么样的阳光心态啊！

我隐约感觉她背后有故事，于是向身边的老师询问了关于她的情况。原来她天生头部无毛囊，不长头发。刚来上学的时候，她天天戴着帽子，后来就不戴了。现在她上五年级了，活泼开朗，特别阳光……

这样一个相对特殊的学生，在一个环境里生活、学习了五年，没有常人想象中的自卑，反而呈现出一种自然快乐的状态。从她的身上能折射出整个学校自然良好的教育氛围和育人环境，它一定来自一种润物无声的潜移默化的影响。在我看来，这就是教育的最高境界。

一个和谐的环境受人、事、物、情、景等多方面因素的影响，美好的校园环境反过来能促进学生积极学习情绪的形成并不断注入正能量。这其中更多的是来自人际环境的影响。这种人际的影响就是一种文化，它传达的信息一定是和谐自然，给学生以安全感的文化。

我想就外部环境而言，这可能恰恰不在于教育，而在于"忽视"——教师、同学、家长不以怪为怪，淡然处之，久而久之，当事人也就不以为然了。这背后是大家的习惯、善良与尊重。有时候，"忽视"也是一种美。

还曾在电视上看到过这样一个场景：一位残疾运动员在激烈的篮球比赛中不慎从轮椅上摔下来。几秒钟后，服务人员便迅速围拢过来，只见他将手一摆，示意大家不要相助，然后用力支撑起手臂……终于，那残缺的身躯又回到了轮椅上。豆大的汗珠从他的额头上滑落，他却满意地笑了。对于特殊人群，帮助是必要的，但也要注意方式。有时，给他们最大的帮助就是"忽视"他们的特别之处,让他们感受到平等和尊重。

在学校里,对于学生的差异,教师的关注应悄然声息。有些教师对于学生不可谓不用心,遇到学生家庭困难,又是捐钱,又是捐物;学生成绩差了,又是补习,又是辅导,而且大张旗鼓……殊不知,如此特别的爱有时会给学生心理负担,让学生感到自卑,失去与同学平等对话的权利,到头来,关爱却成了伤害。

还听说过这样例子:某校有一学生因家境贫困两次险些辍学,每次都由师生捐款才得以续读。一次全校大会上,校长当众表扬此事并指着该生说:"那个被大家好心救助的学生现在就坐在我们中间!"于是,全校师生的目光都投向了这个学生。此后,他永远地辍学了。就该学生本身而言,大家的"不在乎"该是多么重要啊!

对于特殊学生而言,他们需要的其实就是这样的"忽视","忽视"他们的失误,"忽视"他们的尴尬,"忽视"那些他们不想为人所知的缺陷和隐私。这也许就是对他们最好的教育、最大的保护。学生的转变和成长需要一个漫长的过程,期待他们的成长和成功,就要恰当地"忽视"。上面提到的特殊女学生为什么能有积极、阳光的心态,她都经历了什么?我们未可知。但如何于逆境与不幸中保持阳光心态,坦然地接受现实并且乐观,保持心理健康,是值得我们探讨和深思的。从心理学角度分析,教师和同学们对此事的"忽视"恰恰成就了特殊女学生自由的心灵,这对学校与家庭教育都应有所启示。

目前，教育的主要目的似乎越来越功利，一些教育者为了达成所谓的办学成果，使得教育方式越来越机械，教育者的心亦沿着狭窄的轨道运行，变得越来越局限和不完整，导致了一种过度教育的现象。这成为对学生安全感的一种潜在威胁。没有了安全感，学生就失去了许多自然成长的机会。对于学生来说，失去安全感就意味着失去心灵的自由，而没有心灵的自由也就没有生命的自然绽放。只有在感知是清晰的、客观的，没有被强加任何的负担时，他们心灵之花的绽放才会发生。

每个学生或许都存在着属于自己的一些特殊情况。开学的第一天，我便认识了这样一个学生。庆幸的是，他身边的老师们都很"用心"地对待他。

当时，他正在和同伴一起抬着一桶纯净水往楼上走，脸上挂着甜甜的笑，做事很熟练的样子。从他的老师那里，我了解到他是班级里的小能人，但在学习上存在一定的困难。从那以后，我经常在校园里见到他。他多数时间都在勤勤恳恳地做事。

一次雪后，操场结冰严重，一部分教师在操场上清除这些冰。这个学生与其他同学出现在了除冰的现场。坚硬的冰好像已经很结实了，很难清理。他很聪明地用工具敲打，效果很好！在场的一位教师笑呵呵地对他说："你比老师在行多了。这事儿离开你还真不行！"我好奇地问这位教师："他不是你班的，你怎么认识他？"这位教师笑道："他是咱校的'总务主任'，什么活儿都找他，有时还在广播里喊呢。"我转而问这个学生："你怎么这么优秀呢？"他笑着答道："因为我们王老师'教导有方、笑里藏刀'！"他的回答幽默风趣，但很真诚。王老师是他的班主任。我听懂了他的意思：第一，王老师会教育，说出的话让他信服；第二，王老师从不厉声呵斥，但更有影响力和威力的批评藏在笑里。

这个学生展现出的自然、放松的状态更多地来自教师的关注而不干扰，正是这种"忽视"，使得他有安全感。

在许多教育家的认识中，教育是一份关于学生的"可能"的事业。好的教育能够创生出更多的发展机遇和可能；坏的教育会掐灭学生原本的种种"可能"。我们的教育，每天都在努力创造这样或那样的可能性。

教师应做出力所能及的改善，以自己的教育哲学思考，努力改善自己的教育生态，心中藏着爱意和善意，学会选择性的"忽视"，学会"睁一只眼闭一只眼"，在充满亲情的家园里因材施教，让学生以一种生命成长的姿态自然绽放。

2018 年 3 月

教育的美，
在细节里

我始终认为，教育的美就在那些细微之处的故事里。

◎ 阳光

一年的元旦，学校举行一年级入队仪式。大约上午9：00，学生们集合在教学楼前，满怀激动地等着戴上红领巾。初冬的天气有些寒冷，高大的教学楼挡住了温暖的阳光，学生们站在教学楼的背阴里，有的学生的小脸被冻得通红，有的学生甚至轻轻搓起手、跺起脚来。

就在这时，到场参加活动的陈雪峰校长用体育口令对学生们大声地喊道："向后转！向前十步走！"学生们在莫名中向后转并走了十步。等他们再次转过身的时候，发现已置身于阳光之下。金灿灿的阳光照射在每个学生的身上，灿烂而纯真的笑容绽放在他们稚嫩的脸上。

此时，几个带队的教师暮然醒悟过来，带头鼓起掌来，顿时,校园里响起一阵热烈的掌声……这掌声是送给陈校长的。陈校长激动地环顾整个校园,真诚地说:"感谢大家的掌声,你们的掌声让我倍感温暖。此刻,我建议大家的掌声再次响起,但这次的掌声送给你们自己。因为今天经历这场寒冷的考验之后,你们就成为光荣的少先队员了!"掌声再一次响起,持久并热烈……当学生们踏着音乐节拍返回教室的时候,我的心情仍难以平静。

教育无小事。看似微不足道的细节,却具有激荡人心的力量。那一刻,陈校长以一个微小的举动把学生们带到阳光下,不仅展现了一个教育管理者高度的职业敏感和宽厚的胸怀,更是一种行为示范的好的教育。当你给学生们一个微笑时,他们也许一整天都会幸福地回味。

这件小事虽然过去十多年了,但对我的教育和影响是长久和深远的。对学生而言,教师的人格魅力就是无声的教育,对学生的影响比单纯的说教要深远得多。

教育是什么?教育就是用真诚播撒爱的阳光和雨露。当爱的阳光充盈了每个人的心房、撒满每一个学生的心间时,教育就会变得简单而美丽,宁静而温馨。

◎ 小雨

又是一个清晨,天空飘着细雨,凉凉的、湿湿的,学生们沿着标志线三三两两地走进校园。像往常一样,我站在校门口迎接学生们。我一边指引着他们有序地走进校园,一边响应他们一声声热情的问候。偶尔看见没打雨伞的学生,我会找其他的学生和他共打一把伞。

没想到无意间的一个举动，却带来了意外的教育效果，教育的美丽悄然呈现：原本不认识的两个学生成了伙伴，伞下的他们露出粲然的一笑。提供帮助的学生，他的脸上写满了给予的自豪，俨然是一位保护神；接受帮助的学生，脸上洋溢着幸福的微笑，惊喜而温暖。一高一矮，一大一小，相互体谅，彼此依靠……看着原本不认识的两个学生因为一场雨，从陌生走向亲近，由相见无语到自然交流，我不由地感谢这绵绵细雨，感谢它让教育变得如此和谐、惬意。

此后，每逢雨天，执勤教师都会引导打伞和不带雨具的学生结伴而行。后来，每一个下雨天里，再也看不到被淋湿的学生，校园里时常见到自觉结伴而行的身影，此时，学生们感受到的是校园里关爱的温馨。

◎ 硬币

一次课间，我走在校园里。这时，一个低年级的小姑娘风风火火地跑过来，手里举起一枚一角的硬币，喊道："校长，一毛钱，我捡的！"看着她高高扬起的充满着喜悦和自豪的小脸，我想拒绝又于心不忍，亲切婉转地告诉她："你真是个好孩子！把它交给你的老师吧！"没想到小姑娘一脸稚气地说："老师让我买糖吃！"我心里一怔，伸出双手，果断地说："你把它交给我吧！你是一个诚实的孩子，一个拾金不昧的好孩子！"然后，我拿出随身携带的纸和笔，让她在上面端端正正地写上了自己的名字。希望这能在她的童年留下一笔纯真的记忆。

过后，我想，难道我们真的可以忽略小姑娘捡到的一角钱吗？真的可以告诉她拿去买糖吗？她真的听不出我们话里的满不在乎吗？但愿她听不懂！令人汗颜的是，刚刚我的心里也萌生了随意应付她的想法。我想，我们可以不在意捡到的任何东西，但不可轻视学生们的真诚与纯真，不能忽略这些比一角钱还要小的细节。在全体教师大会上，我把这个故事讲了出来，希望能够引起所有教师的思考。

"优秀可以成为习惯"，学生们良好行为习惯的养成蕴含在生活与学习的各个细节之中。教育无小事，学生们的一个眼神、一个动作、一个笑容、一声叹息、一次提问……无一不是教师们实施教育的最好资源。

这些教育的细节看似微不足道，却具有打动人心的力量。在猎猎的寒风中，让学生沐浴在阳光下，自然而然；在无边的雨丝里，将淋雨的学生带到伞下，也没有什么刻意；硬币虽小，对拾金不昧者不吝表扬，至诚至真……这不是什么了不起的壮举，这是源于最朴素的教育真情，是一种教育、一种尊重、一种影响，是一种润物无声的寂静与安谧，它闪烁着五彩的生命原色。

教师们的细微举动对学生的影响可能是波澜不惊的，亦可能是镌刻一辈子的。用美的眼睛去发现细节，用审美的思维去处理细节，进而在无声无痕的细节中彰显教育的美丽。

2012 年 10 月

以美的名义
——新学期开学典礼上的讲话

俗话说，没出正月仍是新年。今天是我校的开学典礼，在此我给全体师生拜个年，道声"新年好"，送一份爱的祝福。

还记得我们银雀小学的四张名片吗？它们是微笑、问候、感谢与赞美。期望各位老师和同学将微笑时刻挂在脸上，让问候永远挂在嘴边，让感谢和赞美在校园中传递。苏霍姆林斯基说："让他人因我的存在感到幸福。"如果我们在对待他人时能够做到微笑、问候、感激、赞美，他人就会感到温暖和幸福，那么我们就是美的代言、美的化身。

以上四点说来容易，要想真正做到，却并不轻松，需要我们不断提醒与规范自己。今年学校工作的主题是规范。我们先从这四点做起，规范自己。

首先是微笑和问候。微笑着问候校园里的每个人、每棵树甚至每条路，这会让整个校园都变得温暖。

其次是感谢。感谢让我们懂得关爱身边的人。感恩教育，先从爱自己的母亲开始，然后推己及人。其实，教师也是我们的母亲,她教给我们知识,赋予我们精神的指引,我们应时刻心怀感恩。我们常将自己就读的第一所学校称作母校,正是从这个意义上说的。

最后是赞美。赞美能够让我们懂得珍惜眼前,关爱他人。一句小小的赞美,哪怕只有一两句话,都是我们训练和规范自己言行的课堂。在这样的环境里我们互相友爱,彼此尊重,礼貌、善良、阳光和高贵,这不就是我们孜孜以求的美的教育吗?

新的学年,我提倡"读书立美",期望以微笑、问候、感谢、赞美来温暖学生,实现美的教育,用微笑和问候传递爱的温暖,以感谢和赞美唤醒沉睡的自信。

身为校长,我倡议:今后,银雀小学应树立这么一个传统,即每年春天的新学期,都邀请一批教师在这里接受赞美。

那么,今天有哪些教师接受同学们的掌声呢?其实,值得表扬的教师有很多,但限于场地,这次我们先推举以下几位(排名不分先后)。

充满爱心、灵感和智慧的十佳班主任获得者——刘会玲老师、刘建霞老师;

担任课时最多的两个团队——由范海梅、毛红英、段晓伟带领的音乐团队和体育团队;在一线拼搏,教学质量全处领先的高级教师——周蓉老师;坚持每日读书打卡,读书的榜样示范者——刘峰老师、蒋浩老师、刘建霞老师、靳百军老师、钱秀艳老师、王俊莹老师、秦江艳老师;坚守教学第一线的红枫奖获得者——刘存粉老师、王玉彩老师、孟凡艳老师、李玉梅老师、张春洁老师;带出了家长好团队的班主任刘姝彤老师;带着生病的孩子,也要赶到学校给同学们上课的王硕晗老师;管理班级得法,默默承担修理工作,细节当中见担当的班主任郑秀丽老师;管理班级有一套,深受学生敬佩的王奎军老师;后勤服务细致周到的叶小丽老师;工作兢兢业业,护导执勤坚守岗位,发现问题解决问题,以身示范的张文梅老师和刘淑彩老师;对待工作严谨规范,每逢开学前加班加点把书分到每个班级的姜开杰老师;不讲条件,敢于担当,教学成绩名列前茅的凌苗苗老师和葛韫豪老师;指导早读得法、训练到位的吴建芬老师、张素娟老师和许业梅老师;带头上社团课,每天下午和晚上都要辅导学生们练字的韩贵华副校长;每逢大型活动和检查,带领教学部、德育部、安全部的老师们忙到凌晨的李正伟副校长;任劳任怨、默默无闻,加班到深夜的庄子明老师;在一年级新入学学生行为、习惯培养方面付出颇多的全体一年级班主任。

让我们以最为热烈的掌声表达对上述老师的深深敬意和感谢之情,同时,将掌声献给每一位辛苦的任课教师,以及那些默默无闻、甘于奉献的后勤服务老师,他们都是银雀教育的脊梁!

最后,我要说的是,你们每天的勤奋和这勤奋换来的进步便是对老师们最好的报答! 全体教师都将以美的名义,践行美的教育,时时刻刻期待你们健康、快乐地成长!

2018 年 3 月

　　一天，我又在校门口遇见了李美君——一个一年级的小女生。她远远地就看见了我，我也看见了她，看见了她阳光般甜甜的笑。我们相视而笑，缓缓地走近了。她像往常在校门口遇见我时一样，伸出小手抱住我，不说话，只是仰着小脸对着我甜甜地笑，我也没有说话，也是笑嘻嘻地看着这个小姑娘。我们的这一举动，令美君妈妈很是惊奇，我也不禁回忆初识美君之时。

　　一年级新生入学不久，几乎每逢周一早上，校门口总有一个号啕大哭的小姑娘（名叫美君）赖着不肯进校门，每次都是她妈妈强行将其拖到教室里。美君的妈妈因为工作忙，便把她送到学屋托管，每周接一次。每逢周一，小姑娘都不愿上学，这成了家长和班主任的一大难题。时间一长，美君妈妈也狠下心来，一把美君送到学校的大门口，她掉头就走，而美君总是会哭闹一番后再进教室。学校的门卫老师都认识美君，对她的哭闹渐渐习以为常了。

一次,我碰巧遇到美君在校门口大哭,无论门卫老师怎么安慰,她就是赖着不肯进学校并大声喊着妈妈。当时,我第一次知道学校里有这么个好哭闹、不愿上学的小姑娘。看到这一幕,我从执勤老师的手中揽过并抱住了正在大声哭喊的美君,耐心地安抚她:"老师带你去教室好吗?"没想到人家一点面子也不给,依然大声喊着:"我找妈妈,我找妈妈……"我连拉带抱,连哄带劝,可是一点效果都没有。我急得随口说了句:"美君的妈妈不在这儿怎么办呢?先把老师当成妈妈好吗?"没想到这句话奏效了,美君立马停止哭闹,用探寻的目光看着我。于是,我又笑着说了一遍:"把老师当妈妈,跟我去教室好吗?"美君乖乖地把小手放在我的手里,我们手拉着手进了教室。待她坐到座位上,我又鼓励了她一番,并和她约定:下周一,我还在学校门口等她。待我离开时,她挥挥小手微笑着和我告别。打那以后,美君上学再没哭闹过。每次在校园里见到我,她总是脸上带着甜甜的笑容迎上前,在我身边靠一会;我也会亲切地拥抱她一下。我很享受这种感觉,但常常会思考这样一个问题:如果那日我没有走近她、关心她,也许她在我的心目中就是个淘气任性、不听话的学生;那么对于更多别的学生来说,如何才能够帮助他们及时地得到教师们的关注呢?!

因为爱学生,教师们要有所期待。"学生们就像玫瑰花蕾,有着不同的花期,迟开的花朵同样美丽!"他们在成长的过程中难免会遇到困难、矛盾甚至冲突。教师们应该多观察,及时发现这些问题,引导学生们正视困难,帮助他们解决各种矛盾和冲突,从而以更佳的状态投入到学习和生活中去。

　　教育之所以令人着迷,是因为它把每一份欣喜都藏在了我们意想不到的地方!

2010 年 9 月

关注教育中的细节资源

　　一日午间，因临时需要，我于下午第一节课前通过室内音响给全校学生讲一件重要的事情，等讲话一结束，我便急急忙忙跑到教室。因为迟到了几分钟，我看到了"热闹非凡"的一幕：嘈杂的教室里，好多同学都没有坐在自己的座位上，有个男生甚至蹲到了窗台上……虽然早就料到教室里的纪律不会太好，但我没想到会这么糟。我本想好好地教训他们一番，可转念一想，通常情况下这种办法只是一时管用，无法起长效。于是，我悄悄地站在门口思考对策，准备对症下药。几个眼尖的学生看到我后，便迅速向其他同学示意老师来了，不到十秒钟，教室里便安静了下来。

　　此时似乎不必再追究，一是课堂教学的时间有限，接着上课有利于完成本节课的教学目标；二是从表面上看似乎没有追究的必要，因为他们已坐得端正，准备上课。"刚才课前的小插曲可以忽略不计吗？"我快速地思考着这个问题，决定小题大做。

　　我边走进教室边说道："同学们,对不起,老师今天来晚了。大家都知道我迟到的原因吧?(我刚才的广播内容全体学生都已经听到)我是跑着来的,知道我在来的路上是怎么想的吗?"我停顿了一下继续说:"我以为你们肯定坐得板板正正,等着我来上课呢!因为我知道咱班一直是纪律最好的班级,是我最喜欢的班级!可我今天很失望,也很难过。"学生们静静地看着我,脸上露出惭愧的表情。"不过,我还是不愿意相信这是你们的真实表现,你们还愿意做我喜欢的学生吗?""老师,我们愿意……""那老师再给大家一次机会,从现在开始我们进入时光隧道,让时间回到预备阶段,我离开这儿重新走向教室,希望咱班依旧是老师最喜欢的班级,好吗?"说完后我退出了教室并渐渐走远,身后鸦雀无声,在教室不远处,我又等了几分钟,依然没有声音。于是我再次回到教室,送给学生们一句话:"这才是我心目中的那个二班,我相信二班会一直这么优秀!"事实证明他们确实如我所盼——一如既往的优秀。有时我也会小小地考验一下他们,上课铃响时,我会徘徊在教室不远处侧耳倾听,可学生们再没让我失望。

　　教育就是习惯。这段经历告诉我,学生们良好行为习惯的养成蕴含在生活与学习的各个细节之中。而我们的教育实质就是要关注细节、抓住细节,及时妥善地解决学生们遇到的各种细节问题。教育的细节诞生在教育教学的方方面面,常常在尊重与超越、预设与生成、对话和体验中产生,也会在表扬与批评中出现。我们常说,教育无小事。学生们的一个眼神、一个动作、一个笑容、一声叹息、一次提问……这些看似微不足道的教育细节往往最打动人心。也正是从这些细微之处，我们可以发掘学生们的内心，发现他们身上的闪光点，进而走进每个学生的心灵深处。细节是一种资源，发现和开发、利用细节的过程就是师生智慧生长的过程。

在小小的细节中，教师的气质、涵养和品格一览无余；在细节中，我们可以看到美好的景物和善良的人性。细节很重要，因为它可以决定成败。失败时，我们常认为自己比别人可能就差那么一点点，但其实这一点点很重要。关注教育的细节，抓住帮助学生们养成良好行为习惯的每一处细节，精雕细琢，使学生们成为积极乐观、健康向上的未来栋梁之材。平时上课时，我喜欢在黑板上分小组给学生们画星星，这个小小的举动，却成为各年级学生都很喜欢的奖励形式。因为我常对学生们说："也许有的同学会说，这些星星拿不下来，不真正属于自己，可我不这么认为。画在黑板上的这些星星，你们虽然拿不到手，但可以把它们装在心里；心中的星星越多，你们的内心会更加光明，笑脸会更加灿烂，信念会更加坚定！"

细节具体而生动地反映着教育理念，真实而形象地体现着教师的智慧。教师也是教育细节中的重要资源。他们的细微举动或者无意之语可以带给学生们潜移默化的影响，这些影响或许是波澜不惊的，或许是镌刻一生的。每逢雨天，我和同事们都会站在校门口迎接学生们入校。每每看见没打雨伞的学生，教师们都会找一名打伞的同学与他结伴而行。一个小小的举动带给学生的是一份温暖和惊喜。

原本并不熟识的两个学生因为一场骤雨结成了一对,甚至成为朋友,无论是帮助者还是被帮助者,他们的脸上都洋溢着幸福的笑容。自此以后,每逢雨天,校门前再也见不到因未带雨具而淋雨的学生,取而代之的是伞下那些自觉结伴而行的学生们的身影。教师们细心地观察、敏锐地发现、及时地开发、巧妙地利用每一处细节,关注每一个学生,温暖每一颗心灵,重视他们的感受,了解他们的需要,掌握他们的情绪发展,倾听他们的心声,将细节融入教育之中,使之成为智慧教育的过程,真切而艺术地推动教育的进程。

每个教师都不能忽视教育中的细节,要把教育教学过程中的一切细节问题当作一件大事来做,花大力气做,把小事做细、做全面、做到细致严谨。我们不是一直呼唤人文教育和素质教育嘛! 其实很重要的一点,就是在细节中体现对学生应有的尊重,在那些不易被人关注之处,激发学生学习的自主性,实现教育过程中的互动。

"使人疲惫的不是远方的高山,而是鞋里的一粒沙子",细节在教育过程中无处不在。教育成功与否的关键就在于教师能够智慧地去发掘教育中的细节,合理地利用教育中的细节资源,用探求的眼光去发掘细节,用发展的思维去处理细节,进而彰显教育的魅力,还原教育的本真。

2009 年 10 月

记下教育那份美好

一天早上，我在学校大门口看见王艳晓老师拿着一个U盘对颜世萍老师说："这是我昨天晚上写的一篇文章，我试了很多次，可就是传不上网，请您帮忙给上传到博客上，好吗？"看到这一幕，我心中一动。王老师已不再年轻，而且担任的课时较多，这可是她利用休息时间写出来的呀。在崭新一天的清晨，校园里出现这一幕，真美！

走进办公室，我便迫不及待地打开电脑，浏览教师们一篇篇真实情感的博文：王立菊的《有感新学期》；马凤兰的《一块小面包》；张炳花的《开学第一天》；李浩的《陌生的环境，温暖的心》；庄晓萌的《开学》；李正伟的《又是一年希望时》；郇盈的《心愿》……所有这些都那么真实、自然、美丽。我期待着教师们更多精彩的博文，期待着他们在博文中分享的教育的美好。

暑假里，我曾跟几位年轻教师交流过有关发表博文和反思的问题，大家有着共同的感受，即在平时的教学中，头脑中时常闪过一些灵感，有时很想把它们记录下来，或因时间有限，或因过于懒散，最终没能如愿。

QQ空间中有句广告词是"分享生活，留住感动"。身为教育者，我们的确需要记录生活，记录教育感悟。新的学期，银雀小学创设了一个平台——教师博客家园，给教师们营造了分享交流的良好氛围，引导他们反思。通过博客，教师们可以把自己在教育教学过程中的所见所闻通过教育叙事的方式记录下来，从而促进对教育教学的反思，引发更深的思考，提升自身的素质和水平。不少教师没有去尝试，多半缘于惰性或时间有限，或者是没有一个良好的氛围和环境，这就是学校倡导教师们发表博文的一个重要原因。

教师们不缺少实践经验，缺的是新理念和新思想的引导。以往，有的教师似乎是为繁重的教学和琐碎的生活所累，没能静下心来抬头看一看美丽的天空，低下头欣赏学生们纯真的笑脸，对于自己没能做成的事情有时会找一个堂而皇之的理由——太忙太累！长此以往，逐渐失去了独立思考的能力，失去了工作的乐趣。有的教师或许习惯了周而复始的简单教学流程，没有正视自己的能量，以为自己不过如此，一味地沉浸于教科书中，少了些探索的勇气，缺了些自信的精神。发表博文也好，写反思也罢，这只是追寻梦想的一种途径，是鞭策自身成长的一种方式。不管用什么方式，教师都没有理由不成长。

其实，教师们发表博文或反思，不一定非要文采飞扬，表达出自己朴素而真实的想法足矣。真实就是最美丽的！教师们可以通过这个平台互相学习、互相启发、互相借力、共同进步。虽然打理博客、撰写文章会花些时间,但是能够帮助教师更加理性地审视自己的课堂,智慧地思考自己的教学,快乐地享受自己的教学过程。

借助这个平台,期待每位教师都能有所收获!记下教育的美好,留下无限的幸福。

2012 年 4 月

开学第一课：教会学生如何去爱

秋雨敲打着睡梦,清晨,我在阵阵雨声中醒来,心中不禁一阵担忧。今天是开学的第一天,这样的大雨对于新入学的600多名学生和过完暑假准备返校的几千名学生来说真是一种考验。原来的开学预案已无法实施,保证学生们安全、顺利地入校是当前第一要务……想到这儿我睡意全无,立即起床,赶往学校。

冒着大雨赶到学校大门口时,外聘的师傅正在准备安装彩虹门。由于时间紧迫,必须赶在学生到校之前安装完毕,门卫的工作人员也加入了安装的行列,在大雨中被湿透了衣襟,着实令人感动……

大雨滂沱,阵阵秋风中透着寒意,许多教师亦提前赶到学校,迎接早到校的学生。

早上7:00,在大门口执勤的教干教师全部到位,校长带领着大家站在校门口迎接学生。像往常一样,有不少学生没带雨具，校长引导着大家为这些学生打伞，把他们迎进大门。渐渐地，这支队伍里多了许多高年级的学生志愿者，他们撑着雨伞把那些没带雨具的学弟学妹们送进他们所在的教学楼，在队伍中行走的学生们更是自动地结伴而行——打伞的学生自觉地帮助被雨淋到的学生……

雨越下越大，门口的学生也越来越多。教师们远远地看到没有打伞或刚刚下车的学生，几乎是小跑着迎上去，撑起雨伞为他们遮住倾泻而下的雨点，把他们护送到校门楼下，再由学生志愿者们接过"接力棒"，一路穿过操场，护送至教学楼门口。

在一派繁忙之中，我在校门口发现了两个"特别"的人，他们并不送孩子，也没有离去的意思。因为校门口拥挤会影响学生入校，所以我径直上前想请他们尽快离开，说道："你们二位在这儿做什么呢？请赶紧……"他们马上回道："俺们在这里看看，你们对学生真好！"因为我有驱赶的意思，他们似乎有点不高兴，但语气里还是藏不住赞叹，也有一丝丝的疑惑和惊讶。我这才注意到他们之所以"特别"，是因为他们的穿着——土旧的衣衫上还带着建筑工地上特有的灰尘和已经干透的泥浆痕迹。原来是两位农民工兄弟，听到这直白又朴实的赞叹，我驱赶的后半句话硬是没说出来，立即说道："外面雨大，到里面避避雨吧！"他们朴实地笑道："俺们还真没见过学校对学生这么好的……"

看着他们远去的背影，我的心中一阵感慨：只要教师怀揣真诚之心关心和爱护学生，即便点滴之爱，也定如甘露般滋润着学生们心中那灿烂的春天。这才是真正有意义的开学第一课：用行动教会学生如何去爱。

2015 年 9 月

校园最美的生态

学校是师生学习生活的地方。校园应该是什么生态？师生应该是什么状态？学生的成长需要什么支持？学校能够提供什么环境？为此，学校管理者要时刻保持清醒，理性地思考并探求这些问题的答案。来新的学校近一年了，我始终为此不懈地努力着，这些理念和思想亦渐渐落地、慢慢抽枝发芽，期待中的校园生态离我们已越来越近。在一种自然、健康、积极、恬淡的教育生态下，我也更加真切地感受到教育的幸福。

学校是有温度的，是温情脉脉的，是充满关心和爱护的，生活在这里的师生都能感到温暖和幸福，感到人性的关怀和美好。我校的每位教师和管理者都在探寻教育的美，用镜头捕捉美，用文字记录美，成为发现美的使者，鼓励并引导更多的学生走向追求美的道路。我倡导每个学生学会微笑、学会问候、学会感恩、学会赞赏，树立阳光、自信、温暖、优雅的美好形象。走在校园里,随时会有学生向你行鞠躬礼、问好,微笑着回应每个学生是教师们的必修课。我们的校园没有保洁员,学生们保持着热爱劳动的好传统,洁净的校园是学生们最骄傲的劳动成果,也是学校的靓丽名片。每天的早读你会遇见很多美丽的读书娃娃,他们认真投入、生动而美好……

在我们的校园里,每一个教育者都有一种情怀,为学生的终身发展负责,追求平衡、和谐、可持续的发展。每一个学生都有一种状态,快乐学习,健康生活,追求生命的完满和情感的丰实,享受成长的过程。同学之间建立真正的友谊,谱写美好的回忆,营造和谐的班级家园;跟老师和睦相处,尊师、敬师、爱师,如同亲近的朋友和家人。更重要的是,每个领导者都有一种意识,努力把学校打造成寄托理想和情感的家,过节时一声温暖的问候,见面时一个浅浅的微笑,失误时一个理解的眼神,碰到麻烦时的一声鼓励,遇到苦难时的一只援手……人文的关怀遍布校园的每一个角落。

良好的学校不仅需要尊重、包容与人情味,它还需要很多硬件,如精干优秀的教师队伍、规范合理的课程体系、丰富多元的校本课程。对我启发最大的是曾经听过亦庄小学的一节体育课:学生们在百米沙道里玩儿了 30 分钟的沙子,有的学生说:"我们小组堆出了城池";有的学生说:"看,我们的童话城堡";而有的学生只是在沙地里掏出一个个地洞。这节课根本就没有统一的教学环节设计。至于老师,也就是四处看看,甚至还和学生们一起玩一会儿。这节课应该算什么课堂,就当是体育课吧! 其实就玩沙子的这一节课,我不曾看到的是,上午学生们边跳边唱了《哎呀,我的沙娃娃》,听老师自编的《沙子和贝壳》的故事,读了《沙的王国》《沙滩》《住进沙堡》。这些关于沙子的故事,给学生们呈现了一个沙子的丰富世界。沙子既是学生们了解的对象,也成了学生们了解世界的一个载体。而此时的沙道玩耍,是对沙子的直观感知(如它的形状、触觉),更是从属于更重要的课程目标,理解事物的丰富性,以一种综合的眼光看待世界。同样,如果没有前面的诗歌、故事的学习,仅让学生们玩沙子,那么玩耍的意义是浅薄的,而有了课程的整体架构,玩耍就成了整个拼图不可或缺的一部分;甚至,没有这样的一次玩耍,没有身体和沙子的直接接触,整个学习就不完全、不深入、不饱满。还需要交代的是,下午学生们还观看了绘制沙画的视频,玩了沙画,最后,读、写、绘自己关于沙子的故事。放在课程视野下,一堂找不到课时目标的课,一堂低结构化的课,一堂教师似乎可以消失的课,却有了不可替代的意义,因为它从属于学生对世界的认识,从属于形成综合眼光与综合能力的课程目标,从属于让学生在学校收获期待和精彩的课程目标。就这样,课程的大胸怀超越了课时的小计较。

还有这样一个案例,杭州市茅以升学校在办学的过程中,逐步开发形成了108课时的综合型课程,将桥技能、桥知识、桥文化融为一体;将科学计数、工程、艺术和数学融为一体,全校有15位教师能胜任这一课程的教学,是超学科取向。可以设想，茅以升学校的学生们将有可能在每学期的某一周，甚至是某两周，能够完全沉浸在桥世界的探索与体验之中。这就是课堂和课程影响下的校园生态。

曾听过这样一个故事：当一位农民在他的田地里耕作的时候，听到远处学校里的钟声，心里非常安宁和踏实，想到自己的孩子正在这里学习，便充满了希望，心中满是幸福。这就是学校与社区的和谐共生的状态。也就是说，学校的生态已经影响到周边环境的生态以及周边居民的心态和生存状态。而我们作为教育者就要有这样的期待和情怀，而不是仅仅关起门来办学，学校的生态影响全体师生，更影响着周边的社会和人群。

我校的一个特别之处就是校园内部存在一个家属区，居住者多为外来租住的人员，不仅存在校内共处和物业管理的问题，更有棘手的车辆存放问题。考虑到学校周边没有停放车辆的区域和多年沿袭的习惯，我校在治理校园环境时并没有简单地把车辆清走，而是采取定时出入、规范放置的疏导策略。对此多数住户比较感激，竭力配合学校的安排。尽管如此，依然有人常与学校保安发生冲突。一天老师们正要下班时，一位"霸气者"欲进校停车，但被一位老师停放的车辆挡住不能进入。"霸气者"大发雷霆，直接把车辆堵在通道上，谁也无法进出，大有不闹出大事不罢休的气势。正当这时，我校的一位副校长从楼上下来，边跑边说："哎呀，对不起，我的错！我的错！"并赶紧去调车。瞬间，"霸气者"略显尴尬，换了面孔满脸堆笑去倒车。事后与这位副校长交流才知道：他每天中午、下午放学时间都义务加班带书法社团的学生们练书法，"霸气者"的孩子就在其中。自此，每当在校园里遇到这位副校长，"霸气者"总是远远地就主动打招呼。我想正是咱们这位副校长的温暖使得"霸气者"不再霸气吧。

2018 年 3 月

上善若水，润物无声，最好的教育于无形无声中发生……

◎ 一个旁若无人大声读书的男生

一天早上，我像往常一样到每间教室去欣赏学生们读书的场景。离早读还有一段时间，教室里只有几个学生在打扫卫生、整理桌凳……我一边巡视，一边提示学生们赶紧读书。当我走进六年级三班的时候，教室里已有四个学生坐好了，看来是毕老师分工明确，没有要求全班都下楼打扫卫生。就在我进教室的那一刻，洪亮的读书声突然响了起来："从上海到新疆的铁路有……"这个声音显得有几分突兀，我循声看去，一个男生正在旁若无人地读着，脸上的表情非常自然，没有任何害羞和做作，看起来他根本没有意识到我的到来，依然沉浸在高声朗读中。在他的感染下，其他几个学生也开始读起来。看到这一幕，我心中不免涌现出些许感动,于是感叹道:"我们的学生如果都能这样旁若无人地朗读该多好啊!"

◎ 一场随机举行的升旗仪式

走到南二楼的时候已7:40,学生们已经进入最佳的晨读状态,这会儿各班的朗读声都渐渐大了起来。在此起彼伏的读书声中,有一群学生特别吸引我,他们的声音不仅铿锵嘹亮,而且激情饱满。这是哪个班呢?我循声去找,原来是二年级九班的学生们正沉浸在他们的朗读世界里,语文老师李浩正现场指导着……因为急切寻找,我没有收住快速行进的脚步,不知不觉走到了这群可爱的学生中间,沉醉在这动人的读书声中,看着他们张得圆圆的小嘴和得意投入的表情……这时,教室里响起了国歌声,操场上升国旗了,李老师没有给出任何指示,可学生们像是接到了统一的命令,迅速起立,高举小手,向着教室前方的国旗挂图行注目礼,表情庄重肃穆!我也学着他们的样子,面向国旗挂图,"被动"而投入地参加了这场升国旗仪式。一股热流在我的心中涌动,学生们真棒!我为你们骄傲!感动的背后,我亦看到了李老师所付出的智慧和爱心!

◎ 一群体育课上自觉站队集合的学生

下午上课前,陪学生们练完字,伴随着练字音乐的尾声我走向操场。此时还有五分钟就上课了,准备上体育课的学生们陆续地来到操场。我也信步于此,驻足在实验楼前,静静地看着这些学生。眼前的学生们一到操场便站定不动,这是为何？定睛一看才发现，学生们像是棋盘上自动定位的棋子，来一个，站一个，悄无声息，动作迅速……很快，一支整齐的队伍自动列成。看到这一幕，我充满了惊喜，更有几多敬佩，感叹这个班的学生太了不起了！我禁不住拿起相机拍下了这动人的一幕，拍下了这群可爱的六年级十一班的学生们！

◎ 一双双耀眼的红皮鞋

课间操结束时，我发现二年级某班的学生们步调一致、整齐划一，禁不住多看了一会儿。其间，我留意到该班很多女生都穿着红皮鞋，虽款式各异，但都是鲜艳夺目的红色。同时，我仔细观察了一下别的班级，并没有类似的现象。为此，我甚为困惑，欲一探究竟。当我把目光移至该班班主任李老师的脚上时恍然大悟——原来李老师也穿着一双红色的皮鞋！是崇拜的力量，是李老师的魅力！教师的模范带头作用真是无处不在啊。

教师的魅力不仅体现在教育教学的过程中，还体现在外在仪表和内在修养中。教师对学生最好的影响往往是那些学科之外的内容。教师除了要教会学生如何学习，还要教会学生热爱生活。其实，哪有什么教育？做人而已！我想这就是教师魅力和吸引力所在，当教师具有这种魅力时，他的教育就会充满无穷的力量。

2018 年 5 月

找不到缺憾本身
就是一种缺憾
——写在新调入教师课堂教学展示活动之后

　　新调入教师展示课活动结束了，九位新教师从不同的侧面、不同学科展示了自己的教学特色和风格，充分证明了他们自身的优秀，他们的加入对学校而言真是一件幸事。

　　新教师们在展示打磨的过程中也有了新的感悟和提升，参与此次活动的全体教师在观课、议课、评课的过程中和新调入教师一同进步、一同成长。这与本次活动的主题（在展示中磨砺提升，在研讨中携手成长）十分契合。新调入教师登台讲课，全体教师通过抽签的方式上台议课、评课，机会均等，人人都有展示的机会。在这个过程中大家都得到了锻炼和成长，活动发挥了最大的效益，活动之余我亦得到一些启发。

◎ 团队的和谐是一种教学生产力

　　这感受源于英语教师的讲课现场。当两位新调入的英语教师登台准备的时候,英语组的其他教师也像自己讲课一样忙忙碌碌,有的帮忙整理桌凳,有的擦拭黑板,有的安装课件,有的带来学生……台上台下一片繁忙。这种氛围让我感觉到英语组就像一个和谐的整体,充满正能量。首先,它给新调入教师带来的不仅仅是温暖,更是一种力量和勇气。团队中每名成员在关注的同时,给予自己一种热切的期待,这就是团结的力量。在这股力量的推动之下,整个团队不仅能够走得更好,还将走得更远。

◎ 掌声里面有温暖

这感受源于今天上午的语文课堂展示。每当台上展示的教师上完一节课,台下便会报以热烈的掌声,我深深地感动于此,因为这掌声是自发的。对于讲课的新教师而言,这是莫大的鼓励和支持,更是一种接纳和融合。这温馨的场景会长久地留在授课教师的心中,温润他们今后的教学生涯。这就是我校宽厚、包容和热忱的教师文化。

◎ 找不到缺憾本身就是一种缺憾

我校的评课模式是 X+1+1,即若干条建议 + 一条亮点 + 一条建议。其中,有两位教师说道:"我感觉这节课都是亮点,没有建议""我是年轻教师,没有资格给别人提建议"。针对这两位教师的说法,我在总结时特地给进行了说明。这是评课过程中常见的误区,也许两位教师只是客套而已,但即便如此亦会影响教学研究的氛围,应及时调整。

我中肯地指出:"说一节课没有缺憾,不是一种负责任的态度,找不到缺憾本身就是一种缺憾。对于我们这次活动是这样,对于其他的评课活动也是如此。"说实话,应该没有一节课是完美无缺的,假如我们不指出其中的不足,授课教师是无法进步的。我亦不认为年轻教师没有资格提建议,对于每节课,每个人都会有不同的看法,青年教师正处于学习、进步和成长的最佳时期,在听课时更要善于学习,勇敢质疑,大胆地说出自己的想法。这才是一种求真的教学研究的态度。

因此,我认为找亮点是学习,一种快乐的学习;提建议也是学习,一种真诚的学习;寻不足更是学习,一种深入扎实的学习。为了遇见更优秀的自己,我们一起努力!

2016 年 9 月

相信学生

　　做学生工作多年,时常遇到令教师着急上火的学生……他们在课堂上、活动中的表现有时会引起教师过激的反应,致使学生产生抵触情绪,师生关系紧张。这样不利于教学和管理。那么遇到了这样的情况该怎样处理呢?

　　一次,一个学生因在课堂上与数学老师发生了冲突,被班主任"拎"到我面前。当时他的情绪非常激动,一副不服气的样子,一看就是个天不怕地不怕的"刺儿头"。等他平静下来,我开始询问他事情的缘由,他马上就强调数学老师如何不公平地对待他。我一看这条路走不通,便换了思路问他:"你知道小学生来学校是做什么的吗?""上学!"我紧接着说:"不对!我看你是来学生气的!"他一愣,我接着反问他:"那你说除了生气你还学了些啥?""语文、数学、美术、体育、科学",他一口气还说了不少。一看他接过话茬,我又接着问:"这些学科你学得怎么样啊?"他回道:"我体育好,运动会我还拿过第五名。"我迅速给出回应:

"太好了,一个年级得好几百人呢,你能拿第五,那你的确了不起,那咱还有什么理由生气呢?"我接着说:"要我说,你数学肯定不够好,数学老师见你体育这么棒,就想你的数学成绩一定也能像体育那么出色,可你偏偏不好好学,他能不着急吗?!你知道老师为什么批评你了吧?"他低下头,想了想回道:"我知道了,老师是为我好!"我顺势追问:"那现在应该怎么办?"他说:"我懂了,我去找数学老师道歉。"他很聪明,一点就通,后来的事情也处理得很好。

对于这样的学生,一味地呵斥、责骂或者听之任之、不管不顾是无法达到我们的预期效果的。如果能以一种平和的心态,对其晓之以理、动之以情,势必会事半功倍。

也许有的人会说,那是站着说话不腰疼,谁到了那种时候都会生气。在此分享三个不生气的理由。第一,教师跟这个学生打交道并非一天两天,而是一年甚至几年。如果几年的时间里都这么和他打交道,那教师还怎么在工作中寻找快乐呢。教师工作的最高追求是快乐工作、幸福工作。所以应遇到问题解决问题,遇到矛盾化解矛盾,如此才能在教导学生的同时,提升自身的工作效率,增加工作带来的成就感和快乐。第二,个别专家做过这样一个比喻——未成年的学生还不能称之为完全的人。虽然这个比喻的合理性值得考证,但是借此劝慰自己还是有一定效果的。第三,如果教师在学生面前生气或发火,一定要有理有据且掌握火候,要让学生对自己心服口服。否则,任何"威力"在学生们的眼里都是无能的表现。长此以往,情况会越来越糟,学生们越来越没有规矩,而教育也越来越无力。

我认为可以从以下几个方面着手处理：

一是，多一点耐心。若学生犯了错，教师应该拥有足够的耐心，先忍住火气，找到对策后再有所行动。

二是，多一点沟通。调皮学生有了状况后，教师要及时与学生进行沟通交流，问清事情的经过，千万不可任意责骂，以免增强学生的逆反心理。

三是，多一点宽容。教师应试图理解学生的言行举止、想法和观点、喜怒哀乐，不能把学生等同于大人，应允许学生犯错，在错误中的成长可能会更有价值。

一次正值下午放学，保卫科的老师领着一个五年级的男生来找我，说是被六年级李志（化名）的学生打了。男生哭得很伤心，右眼下眼皮被划伤了，留有一道红红的伤痕，虽然没出血，可已经微微肿起来。我赶紧放下手头的工作，仔细询问原因。这个男生本来是想制止几个同学之间的小冲突，可是刚刚开口，就被李志打了一拳。正说着，门口走进一个高高瘦瘦的学生，他一言不发地直接站到我的办公桌前，一脸的不服气，我一看便知这就是李志。于是我问："请问你是谁？有事吗？""我是李志，是保卫科的老师叫我来的！"他面无表情，声音生硬。我又问道："请你看看这位同学的脸，这是怎么回事？""我给打的，谁叫他多管闲事……"，他愤愤地说。我接着说："那好，我今天也要管管闲事。请你用手揉揉自己的眼睛，现在看得清楚吗？如果有人在你这里来上一拳，会怎么样？六年级的学生对眼睛的结构还是很了解的吧，如果下手重了，会出现什么后果，你想过吗？""老师，我，我错了，可是你千万别告诉我爸爸。""好,我不说,但你得自己告诉他。男子汉做事应该敢做敢当,犯了错误不要紧,关键是正确面对,敢于承认,勇于改正,相信只要你态度诚恳,你爸爸肯定会原谅你的。哦,别忘了,让你爸爸领着你当面向那个同学及其家长致歉。好了,就这样,老师相信你能处理好!"然后我让两个学生握手言和,这事就算告一段落了。

晚上7:00,我接到了李志的电话,他在电话里对我说:"老师,我和爸爸说了,他原谅了我,一会他还要带我去看望那个同学,您放心吧!"我带着欣赏的语气回答他:"我就知道你会处理好的,接受这个教训,以后遇事一定要冷静,像你的名字一样——'理智'。"电话那头传来了他的笑声……

多一点激励,越调皮捣蛋的学生越需要这种激励。平时应多留意、多观察他们,发现他们身上的闪光点,并及时地给予表扬和激励,让他们对自己建立起自信心,感受到被关注,觉得自己"还行"。还记得一位老师跟我说起他的一个"问题"学生,他当时直接告诉这个学生:"××,我不求你学习多好,上课不捣乱就可以了啊!"我说:"这是不对的,有了这句话,这个学生还能有什么希望?他以后可能会肆无忌惮地给你添乱了!"赏识通往成功,抱怨导致失败,做教师的可贵之处就在于使那些调皮的学生也能高高兴兴地围在教师身边聆听教诲,这对学生、对教师都是件好事啊!

2010 年 11 月

让教师在幸福体验中实现专业发展

在影响教育发展及学校办学水平的诸多因素中，教师的专业成长是至关重要的。教师是比任何教材、设施都有力量的教育资源。然而当前，一些教师有种无力感，习惯依赖"手工作坊"式的师徒授受，满足于经验的传递和积累。而经验的简单叠加，既浅显又没有厚度，这让许多教师的教学日趋同质化和平庸化。为了改变这一现状，我总结了多年的管理实践经验，认为可以从以下三个阶段促进教师的专业发展。

◎ 建平台，促发展，让教师从平凡走向自信

创建一系列或大或小、正式或非正式的成长平台，让教师在读书、学习、反思、研究、教研、论坛中不断成长，并在成功的体验中学会享受幸福的教育生活……

1. "三三"式观课议课，实现"立体观课，有效议课"。

围绕课堂教学开创性地实施了"立体观课,有效议课"的策略性实践研究,探索出"三三"式观课议课模式,引领教师自我成长。

这种模式可被解读为:

(1)"立体观课"分三条主线进行:一是以实用性见长的常态课;二是以示范性见长的各类展示课;三是以研讨而见长的教研组先行课。

(2)观课的教师要围绕点、面、体三个维度进行观课议课。

(3)观课议课分三个步骤进行:一是点—面—体的三纬堂观察;二是 X+1+1 议课评课;三是集体评课书面展示。从赏识的角度评价教师、学生和班级。更重要的目的是鼓励所有教师都能自信地走到讲台前,敢于说出自己的观点,展示风采。

"立体观课,有效议课"的教研模式大大激发了全体教师参与研究的主动性,不仅展示和提升了授课教师的才能,而且使观课者拥有了话语权。每次活动时,主持人会让每位教师抽一张扑克牌,待一上完课,主持人便会走上台询问:"哪位老师想来点评一下?"以往,台下的教师们会低头不语,谁也不想发言。此时,主持人轻松地说:"请黑桃 K 先来吧。"台下一片哄笑,这招儿不但风趣轻松,而且十分奏效,一段时间以后,教师们开始抢先发言且热烈互动。

2. E+e 校本教研模式,让集体教研更加实效。

该模式分为五大步骤、五小环节。五大步骤包括个人备课为基础、教研组集体研究完善备课、骨干教师执教本单元先行课、全组听课议课后形成三次备课精品案、全员参加的抽签推门课。

其中,教研组集体研究完善备课步骤又分为五个环节,即单元主讲、课时主讲、问题式互动讨论、形成二次备课精品案、随机抽签说课答辩。

这种备课模式简称为 E+e 校本教研模式。一系列的过程旨在增强集体备课、教研的有效性和实效性,为每位教师提供展示的平台,培养教师们自主备课、说课答辩和驾驭课堂的能力。

3. 教师博客制度,在反思中品味教育。

校园网上设置了教师博客圈,号召每位教师发表自己的教学博客,口号是"真实、快乐、美丽",目的在于引导教师书写自己真实的教育故事,体味教育中的点滴幸福,通过互动,使教师实现自我成长。

为了规范管理博客,我校还做了一些具体规定,如每位教师每周至少发表一篇博文,不设上限;博文分为教育故事类、读书心得类、教学设计与案例类、教学反思与感悟类等,还可以根据自己的兴趣爱好和需求增设一些生活类、趣味类的内容。为了使全体教师积极参与到写博客这一活动中来,我校将不定期地对博客内容进行检查评比。对于优秀的博客,学校会组织交流并根据教师评价机制予以奖励。

4. "倾听课堂"微课题研究,让研究成为习惯。

我校提出了"人人有课题,处处皆课题,时时做课题"的要求,让教师们"从小处着眼,从小事入手,做小课题,成大手笔"。从教师日常教学中面临的问题入手,引导教师将课堂上亟待解决的小问题或小细节转化提升为一个个有待研究的微型科研课题,如关注课堂上的细节公平、调整预设板书、避免无效问题。在微课题研究中,教师们捕捉了师生间生动的瞬间。正所谓"幸福在低处",当他们真正放下身段贴近学生、倾听童音、触摸童心的时候,日常的教育生活也变得美好起来。

5."让梦想飞"教师成长论坛,让智慧共享、灵感碰撞。

已举办四年的"让梦想飞"教师成长论坛是教师们专业碰撞的大舞台,每年都会设定不同的论题,如最美教育、最美德育、最美课堂、最美教师、最美学生、最美环境。100多名教师被分为若干个汇报小组,以丰富多彩的形式进行论点展示,之后又在组间进行互动质疑,并接受专家的提问和指导。在高效高质的交流碰撞中,教师们的思想得以交融,认识得以升华,打造最美教育的实践脉络在每位教师的心中愈发清晰起来。

◎ 分层发展,梯队引领,让教师从自信走向优秀

我校将教师队伍建设的重心不断下移,关注每位教师的自主和可持续发展。我校构建了五级不同层次的教师成长团,即横向五个层面,梯队共振发展。这五个层面为以特级教师省级能手为主的名师工作室、以学科带头人为主体的各学科首席教师、以市区各级能手为主的骨干教师提升班、富有发展后劲和潜力的青年教师成长班、以学科教师为主体的群众性组织学科中心组。

在教师团队分层发展的基础上,我校注重团队间逐级

引领的梯队共振效应,通过有梯度的课堂教学活动产生共振,完成梯队引领。例如:

名师工作室——观摩课;

学科首席教师——示范课;

骨干教师专业提升班——展示课;

青年教师专业成长班——提升课;

学科中心组——达标课;

如此一来,一级带动一级,一级推动一级,互助共赢,最大化地实现了全体教师共同成长。虽然无法将每位教师都培养成省、市级骨干或学科带头人,但可以成就和扩大每位教师的优点和优势,让他们努力成为最好的自己。

◎ 找准生长点,理念 + 实践 + 反思,让教师从优秀走向卓越

如果说学校早期的发展是通过讲课比赛造就名师的话,那么更加长远的教师专业成长机制应该是这样建立起来的。

1. 学习——实施校园阅读工程。

以校园阅读为抓手,打造最美教师队伍,实现真正的专业发展和素养提升。为促进教师阅读的实效性和落实教师阅读交流制度,我校除了定期举办读书交流论坛活动,还在每次会议期间开设阅读交流时间(5～10 分钟)。每次会议随机抽取一名教师现场分享自己的读书感悟,以期达成智慧的共享,营造良好的读书氛围,从而更好地激发全体学生的读书兴趣,创建书香校园。

2. 实践——鼓励教师创新、创特。

通过评选年度最美教育人物，鼓励教师将教育思想变成现实，造福每个学生。其中，在"探索最美课堂"的改革实践中，教师们将平板电脑现场直播技术、小主持人、小点评师引进课堂；在课程资源的开发应用中，教师们自创了"早起的娃娃有书读——绘本早餐时间"、阅读储蓄卡活动、日有所诵、"小作家"课程、主题大阅读等师本课程项目。

3. 反思——提炼自己的教学主张。

反思是教师成长过程中极为重要的一课。教学主张的形成是名师走向成熟的标志。引导教师从学科内核、教学要素以及个人教学风格入手，将自己原有的较为零散的实践经验、教学思考、教学研究进行整合，确定自己的教学主张，并从哲学、教育学、文化、学科、课程等角度寻找其理论基础，进行个性化、学科化的深度诠释。

教师的专业发展需要动力（既需要外部动力又需要内部动力），外部动力在于激发和推动，内部动力则在于生长和创造。就像一枚鸡蛋，若用外部力量来将其打破，成了一种食物；反之，若用内部力量来撞破，则诞生了一条新的生命。在相当长的一段时间，需要从两个方向进行努力，从而促进教师的成长。一是给教师以外力，"逼"着教师成长；二是激发教师的内在动力，给予教师适宜的氛围，促进教师内在动力的爆发。

2015 年 9 月

第四章

以审美的理念立文化

世界因我更美丽

——丰盈学校文化，浸润学生心灵

"世界因我更美丽"是我校校训中的一句话。校训是从全体师生中征集而来的，全句是"相信自己，世界因我更美丽"。这是很有诗意的一句话，也是直面心灵的一句话，它具有怎样深刻的内涵呢？"相信自己"就是要自信，自信的人能够明了自己的优势，直面自己的不足，把力所能及的事情做好。要想成功，自信是必备的。在自信的心态下，更容易把自己的优势激发出来，给这个世界带来精彩和亮丽。让每一个师生都成为充满自信魅力的人，这既是学校办学的目标，也是学校文化的内涵所在。

限于客观条件，学校占地面积仅有14 000平方米。它没有宽大的操场，也缺少迷人的绿地，然而在这不大的地方却容纳了5 000余名师生，共同努力营造着一种朴实深远而又厚重的校园文化氛围。

◎ 环境文化篇

校容校貌对学生的健康成长有怡情养性的潜在作用。宁静优雅、整齐洁净、井井有条的校园环境,让人一走进校园就能感受到这是一个读书、学习的好地方。多彩的校园文化建设既是一道亮丽的风景线,又是一部立体的、富有吸引力的教科书,时时滋养着学生的心灵。在关注校园环境的同时,我校亦注重不断深化校园环境文化建设,主要体现在以下几个方面。

1.“用左手画画儿”——点燃学生们心头的火把。

我校教学楼内长长的走廊墙壁上贴了140厘米高的白瓷砖,初衷是为了保护墙体,保持墙壁的清洁。可是,总有顽皮的学生偷偷在上面写点什么、画点什么,使得洁白的墙面常常被画成了大花脸。一位班主任老师对校长建议说:“洁白的墙壁既然这么招学生喜欢,我们为什么不可以把它当作大画板让学生画画呢?”他又说:“据说使用左手有开发右脑的功能,学生们使用左手的机会少,右脑的潜能常常得不到开发和运用,如果能引导学生们用左手绘画,这项活动的意义可就大了。”

就是这样一个小小的建议,却引发了一场革命性的“用左手创造美”的行动,绘制出一道十分靓丽的校园风景。于是,五年级一班的“梦想墙”出现了,四年级三班的“未来国”出现了,三年级三班的“太空之行”出现了,二年级二班的“百花园”出现了,六年级一班的“电影墙”出现了。

用左手创造美，其意义当然不仅仅在于开发右脑。在学生们的作品中，曾经有一轮戴着墨镜的太阳，这幅画的作者的解释是："天太热了，阳光太刺眼，戴上墨镜不是舒服一点吗？你看小树正甜甜地喝着饮料，小鹿找到了一把太阳伞。我想用这幅画表现大自然的和谐与美丽。"非常自然的解释，让我看到了学生们细腻而又善良的心灵，他们已经初步懂得什么叫"学会关怀"了。一项能够适合少年儿童心灵需求的活动，它充实的是校园文化的内涵，唤醒的是更多沉睡的东西，点燃的是学生心灵的火把。

2. "我们的家自己做主"——教室文化陶冶心灵。

学生是学校的主体，他们的积极性和潜在能量是巨大的，所以引导学生自主参与并营造班级人文环境的活动，有助于使其感受达到新的境界，如此，教育的效果也会事半功倍。

在班级文化的设计上，我校做了这样的尝试。在保持全校整体共性（每班的国旗、学风、黑板报等有固定的位置）的同时，各班由师生共同创设的人文环境应能够体现出各自的风格和追求。班主任应带领学生给班级命名，选定班训，制作好班徽、班旗，开辟班级活动展示天地等；各班还在学生们的创意下选择一个主题及一组色彩，设置了一系列专栏；"图书角"的建立可谓异彩纷呈，学生自发地从家里拿来他们最喜欢的图书，集中放在学校为每班配置的书架上，供同学们阅读；"生物角"摆放得秩序井然，不知名的小绿植开花了，玻璃缸里的小鱼、小虾快活地游来游去……一系列的活动充分体现了不同班级和个人对校园文化的认识与理解，激励了学生团结协作、奋发向上的学风，凝聚着班集体的力量,营造了一个个充满文化气息、富有特色的班级之家。

◎ 制度文化篇

每年新学期开学前,学校都要修订出一套完整的学生管理制度。经过多年的积累,我校拥有几十项管理制度,涉及学生从入校到离校的方方面面,严格又细致。然而问题还在困扰着我们:"我们的学校到底是校长和老师的学校,还是学生的学校?我们的这些条条框框是体现了成人的意志,还是代表着学生的心灵需求?我们是在管理一群"小绵羊",还是在教育生动活泼的学生?我们是否常常漠视了学生眼里的世界?我们是否脱离学生心中的世界很久了?"学生需要我们这样常常变着法儿地去约束他们吗?他们的成长是成人可以代替的吗?我们为什么不能把成长的权利还给学生呢?

经过一番反思、一场讨论、一次思想上的解放,我们得出了这样的结论:给学生们一些权利,让他们去选择;给学生们一些机会,让他们去体验;给学生们一些困难,让他们去克服;给学生们一些信心,让他们去尝试成功……于是,校长小助理应运而生了。

1. 校长小助理——给学生成长的权利和自由。

我校的校长小助理是由竞选产生的,几百名来自多个班级的勇敢者登上演讲台发表他们的竞选演说。他们高声地介绍自己在"管理"方面得天独厚的优势,他们自信地宣讲当上校长小助理能给同学们带来的"实惠"。他们仿佛在参加总统竞选,有的学生还为此专门理了发,穿上了小西服,系上了领结或领带,将自己装扮成校长小助理的模样。

说起参加竞选的过程和当上校长小助理后的感受,历届校长小助理都异常兴奋和激动。第四届校长小助理徐莎莎说:"当时我激动得不知道说什么好,但是我很自信,我说在家我能当好爸爸妈妈的小助理,在学校我准能胜任校长小助理。我在演讲中提出了学校要关注家庭教育和校园扩建问题,老师们说我很有远见,一看将来就是可以当校长的。"第三届校长小助理姚静如说:"当上校长小助理后,我觉得我真的成了学校的主人。每周校长都要召集我们开会,我勇敢地向校长提出如何整顿课间操和在校园里设置垃圾桶的建议,都被校长采纳了,我觉得我为学校做出了贡献,我特别高兴。我还独自在课间处理了好几起同学间的小纠纷呢!"第二届校长小助理接奇伟的演讲稿曾刊登在《红领巾快报》上,他激情满怀地说:"我愿做校长的'眼睛',把我看到的好人好事报告给校长和老师;我愿做校长的'耳朵',把同学们和家长的建议收集起来反映给校长和老师;我愿做校长的小助理,首先把自己管好,替校长分忧,替老师分忧。"

我校的校长小助理制度已创建十年了,这期间还创建了班主任助理制、班长值周制。那些担任过校长小助理的学生的自制力、参与班级自主管理的自觉性以及自主发展的积极性普遍比其他学生要高。这项活动说明:只有学生才能真正发现学生的问题,只有学生才善于解决学生的问题。

2. 校园吉尼斯——争创自己最高的纪录（学生评价制度）。

教师的词典里不应有"差生"这个词，因为他们的理念是，每一个儿童都是一个珍贵的生命，每一个学生都是一幅生动的画卷。

教师对学生进行评价时，从不用一把固定的尺子，因为他们深深地懂得多一把衡量的尺子，就多出一批好学生的道理。我校更是打出了"每个学生都是百分百"的教育评价旗帜。

在学校的"奖励词典"里，常常读到下面一些荣誉称号：运动小健将、长跑冠军、数学博士、艺术明星、科技能手、劳动标兵、小小发明家、小雷锋、小作家、名记者、拾金不昧者、作业优胜者、小诗人、小演讲家、小画家、提问明星、礼仪标兵、团结友爱奖、校长小助理、班级小能人、班级外交大使、心理小医生、音乐大师、收藏家、小歌星、卫生天使、大摄影师、英语神童、计算机专家、文明小交警、国旗小卫士、最佳主持人、最佳值日班长、最佳校报编辑、故事大王等。在这里，每个学生都有自己的荣誉，每个学生都有自己的成功。在每一学期发给学生家长的《喜报》上，每位家长都能欣喜地看到自己孩子的名字。《喜报》的封面上写着："一学期的生活精彩而美丽。你的努力，换来了沉甸甸的收获——老师为你喝彩，学校为你骄傲。"

为了激励每一个学生更加充分、积极地发展，我校开展了一项"校园吉尼斯——争创自己最高纪录"的活动。这一活动激励着学生们去追求自己更大的荣誉与梦想。打开学校厚厚的校园吉尼斯档案，每一个学生名字的后面都记有一串不断刷新的荣誉称号。每一个学生都希望自己是成功者，只要教师满怀期待地激励他们，给他们自信和勇气，他们表现出来的主动性会更强，他们等待挖掘的潜力亦是无限的。"

成功的教育，收获的必是教育的成功。这是一种真正适合学生心灵世界的评价。在这种教育中，我们的学生没有压抑，只有开放，没有自卑，只有自信；在这种评价制度中，学生才真正是幸福的主人。

◎ 精神文化篇

丰富多彩的校园文化活动可以培养学生的综合能力，增强学生的身心健康。一所学校只要有健全的文化设施并定期举办文化活动，就会呈现出一片生机勃勃的景象，学生就会在积极向上的环境中茁壮成长。在校园精神文化建设活动中，我校把自信教育作为立足点，让学生置身于多姿多彩的活动和社会氛围中，去接触、感受中华民族的优秀文化和美德。

1. 激情"唱六一"——让每个学生都有展示自己的平台。

多年来学校的庆"六一"活动一直本着让每个学生都成为节日主人的指导思想，从最早的"画六一"到"六一快乐超市"，到"唱六一"活动，每次活动无不牵动着每个学生的心，活动中每个学生都收获了属于自己的快乐与自信。

在"画六一"活动中3 000名学生在操场上把大地当作画布，共同挥笔作画；"六一快乐超市"活动包括百项收藏、精品手抄报展、开心游艺等内容,全校学生同时在操场上参加活动,他们参与的积极性空前高涨,活动非常成功。"唱六一"活动同样为学生的节日庆祝画上了浓墨重彩的一笔。每年的"六一"节,全校5 000多名师生都会集聚在学校操场,按年级分成六个大方阵,手持五彩的道具,通过齐唱表演、拉歌对抗、歌曲挑战、校园集体舞展演等形式,充分展示各年级的风采。学生们舞动道具,齐声歌唱、神采飞扬,整个校园成为歌的海洋。全校共唱一曲《爱之歌》,为学校鼓劲,亦为自己加油。"唱六一"活动让每个学生成为演员,成为节日的主人。丰盈文化浸润了学生的童年,不断提升了学生的综合素养。在临沂市首届沂蒙小使者评选活动中,我校有六名学生荣获沂蒙小使者的嘉誉,这不能不说是校园文化浸润的结果。

2. 巧手扮靓生活——环保从身边做起。

一年一度的环保设计大赛也是我校的传统特色活动之一,要求学生本着变废为宝的原则,充分利用废旧物品(纸张、饮料瓶等)设计并制作款式各异能穿着的"服装"或者其他手工艺术品。制成后,学生需身着"设计服装"或携带自制的手工作品进行现场表演展示。本次活动已连续举办五届,每年都有几百名选手报名参赛。尽管每次大赛的主题不一,却都充分体现了"绿色环保,美化生活"的宗旨,培养了学生的创新精神和实践能力,展示了学生独具匠心的聪明才智和艺术素质。

3. 百项收藏——发现五彩缤纷的世界。

走进我校的百项收藏展室,就像走进了五彩缤纷的收藏世界,走进了一间收藏智慧的宝库。这里有上百件藏品,每一件藏品又有上百种样式。这里有古今中外的货币、世界各地的邮票、不同时代的纽扣、造型各异的转笔刀、各种树木的叶子、商标、徽章、火花、电话卡、明信片、请柬、香烟盒、计算器、钥匙链、彩票、门票……让人叹为观止。

说起个人的收藏品,小收藏家们总是眉飞色舞、滔滔不绝。刘辰飞把日本、韩国等国的邮票特点说得头头是道,丁莹激动地叙说了数十条钥匙链的来历,公梓安说他收藏的电话卡标志着时代的进步……收藏中有乐趣,收藏中有辛苦,收藏中有发现。

上百件藏品中有两件藏品是由多个物品拼凑而成:一件是用数百个颜色各异的小铅笔头拼成的"珍惜"二字,一件是用上百把造型各异的钥匙组成的"金钥匙"。期待学生看过这些藏品之后,能够珍惜这个五彩缤纷的世界,并找到打开智慧之门的金钥匙。

在学校教学楼的走廊里,还可以看到"风景这边独好——世界名山大川""车行天下——世界名车荟萃""人民币1948—1999年""上天入地——请看现代科技的成果""从昨天到今天——人类交通的工具""千种矿石的自述"等专题性知识图片。

我校每年都举行百项收藏展,学生从收集到制作作品的整个过程是一个实践体验的过程,也是一个心理体验的过程,他们从中获得的是自信心,更是品格智慧和能力。

4."照照镜子"行动——美丽从自己做起。

过去,我们的校园里曾有乱丢果皮纸屑的情况,值日生一日清扫数次，但有的学生依然故我；曾有学生衣帽不齐、脏话连篇，教师一再警告或扣分亦没能让他们有所收敛。有这么一个早晨，当成群结队的学生拥进学校大门的时候，迎面而立的两面大镜子让他们噤了声，有的学生面带羞色地快步跑进了教室。

左边的镜子上写着"请花一秒钟的时间，弯弯腰拾起一片废纸好吗？"，右边的镜子上写着"端庄的仪表，从戴好红领巾开始。"由此，"照照镜子"活动拉开了序幕，直到现在。后来，这两面镜子上的话被改为"看一看自己的眼睛，问一问自己的心灵""进门是学校的主人，出门是学校的代表""迎着晨曦想一想今天该做什么，看着夕阳问一问今天做了什么""你看到的是未来名人的画像""爱照镜子的人最美丽"等内容。每天路过这里时，学生们都会不由自主地照一照。在两面镜子中，学生们看到的是自己，找到的是美丽。

一次生活用品的迁移运用、一个别出心裁的小小创意，带来的收获是意想不到的。从此，早晨不洗脸的学生不见了，穿脏衣的学生不见了，打架骂人的学生不见了，乱丢果皮纸屑的学生不见了，一个个小公民正慢慢长大。

后来，"照照镜子"活动发展成礼仪教育的校本课程。这门课程从《基本素养篇》到《校园礼仪篇》再到《社会家庭篇》，从站、坐、走、蹲的姿势到问好、握手、鞠躬、鼓掌的礼仪，从微笑、诚恳、谦和的面部表情到大方合体、富有活力的服饰，从集会活动的规范到日常交际的礼貌，从家庭礼节习惯的养成到社会交往中的文明行为，在这种耳濡目染的氛围里，一个个谦谦少年正快乐长大。这门校本课程既符合中华民族优秀传统文化的要求，又富有现代社会文明的气息。

习惯决定命运。让学生们养成一些终身受益的良好习惯，这是基础教育的根本任务之一。

◎ 理念篇

苏霍姆林斯基说："如果你想使人的道德达到完美与和谐的境地，那你就要创造环境与言语的和谐关系。"校园文化渗透至我校的各个角落，小则一句简单的问候标牌，大则一座建筑物，我们都把它当作一种重要的教育手段，因为它正对学生起着潜移默化的引导和控制，在管理上起到事半功倍的效果。在长期工作工程中，我们的校园文化已逐步形成自己别具一格的特色。

每个学生都是鲜活的，每个生命都是有意义的。对学生个体来说，应让每个学生都能得到充分发展；对于全体学生来说，要整体发展，不能有一个学生掉队；对于教育者来说，应对每个学生付出百分之百的努力，不允许做出对学生有任何不负责的行为，不允许对学生受教育的权力有任何侵害，应集社会责任感与人间美好情感于一身，多一点信任，多一点情感，用一双赏识的眼睛发现学生的点滴进步，捕捉学生的闪光点，肯定学生的创新。用放大镜观察学生的闪光点，在细微处做好激励性的促优培特工作；用望远镜去瞭望学生未来发展的潜力和可能，以发展的眼光和欣赏的姿态与学生交往，将和煦的阳光洒向每一个学生，温暖他们稚嫩的心灵，让他们快乐成长。

"入格—守格—出格"的育人特色包括以下三个方面：一是，从培养习惯开始，进行行为规范教育，让学生"入格"；二是，自省评议自我教育，形成完美品格，即"守格"；三是，通过体验活动培养学生的特长，发展其个性，此为"出格"。

学校文化是德育的灵魂。教育者应给予学生更多的爱、更多的关怀，为他们创造更多的机会和更广阔的发展空间，如此，才能使学生健康成长，实现"每个学生都是百分百"的育人目标。也唯有如此，快乐自信的学校文化才能真正走进学生的心田，造就成功的德育。活动为学生而设，故事由学生讲述，画面由学生描绘，心灵由学生放飞，成功由学生体验，美丽的世界由学生探究与创造……一切为学生设想，一切为学生服务，一切为了人类共有的美好世界；努力培养出自信、善良、真诚，拥有无限希望和梦想的学生。让世界因我更美丽！

2010 年 10 月

老师们、同学们：

俗话说，一年之计在于春。在这崭新的春天里，我们该有怎样的打算呢？新的学期就像是你们手中刚刚拿到的新书一样，散发着油墨的清香。虽然现在还不知道这本奇特的书里面讲述了什么神奇有趣的故事，但那整洁的封面上写满了老师和家长对你们的殷切祝福。借今天的升旗仪式，我也将在你们的新书上写上几句祝福，作为新学期送给大家的礼物。

我想写给大家的第一句话是"自信的学生最美丽"。有一个非常自卑的小女孩，她觉得自己长得很丑，走路时总是低着头，从来不主动和别人打招呼。有一次在饰品店里，她看中一个非常美丽的蝴蝶结发卡，于是她在自己的头上试戴了下。卖发卡的阿姨看到后说："这个蝴蝶结发卡戴在你头上真好看！"小姑娘高兴地付了钱，兴高采烈地跑了出门去。一路上她高昂着头，脸上的笑容藏都藏不住，她觉得自己美极了,因为她知道自己头上有一个美丽的蝴蝶结发卡。遇见她的人都用惊奇的目光看着她,纷纷说道:"你今天真美、真可爱!"整整一天,小姑娘的心情好极了。傍晚,她一回到家就跑到镜子前,想再欣赏一下那个让自己变得"美丽无比"的蝴蝶结发卡。可是她突然愣住了,哪有什么蝴蝶结发卡呀!原来她在急匆匆地跑出商店时,蝴蝶结发卡就被进门的人给碰掉了。小姑娘头上的蝴蝶结发卡没有了,可大家为什么还夸她漂亮呢?真正让小姑娘变美的不是那只蝴蝶结发卡,而是自信,是自信让小姑娘抬起了头,挺起了胸,脸上挂着微笑。

同学们,听了这个故事,你们觉得什么是自信呢?我认为,自信就是对自己充满信心,就是"相信自己,世界因我更美丽"。这几天大家返校后,许多同学见到我后不但主动问好,有的同学还会真诚地向我道一声"新年好"。虽然只是一句简单的问候,却让我感到无比的温暖。其实,这简单的一句问好,就是充满自信的表现。总之,不管做什么,只要相信自己,勇敢地去尝试,老师和同学们都会发自内心地欣赏、赞许你。只有这样你才会变得更棒!

我要写给大家的第二句话是"感恩的学生最快乐"。在这里我想问大家一个问题:"你们知道孟佩杰是谁吗?"她是2011年感动中国的人物之一。她从八岁开始就独自照顾瘫痪在床的养母。12年的时间里,她一边竭尽全力地照顾养母,一边争分夺秒地刻苦学习,最终考上了大学,并带着养母读大学。在看到她的感人事迹时,许多人都落泪了。在常人的眼里,孟佩杰的生活是困苦的,可她也是快乐的。这是为什么呢？因为她有一颗感恩之心，要报答养母的抚育之恩。今天，我想送给同学们一件可以使你永远快乐的法宝——感恩。不论遇到了什么挫折或是伤心事，只要你们始终怀有一颗感恩之心，你就会得到无穷的快乐。

同学们，"自信的学生最美丽，感恩的学生最快乐"就是我在新的学期里送给你们的小礼物。我真诚地希望你们捧起新学期这本书，用每一天的真诚和努力，认认真真地读完它。相信你们定会发现一个秘密——生活可以这样美好，学习可以这样快乐！

2016 年 6 月

今天，我要陈述的题目的是"守望教育的桃花源，成就最美的教育"。这个题目源于今年第五期《人民教育》对我校的报道，早在 2016 年年初，《人民教育》第二期还以"办最美的教育"为题报道了我校最美教育的办学成果。

◎ 何谓最美教育

我校的最美教育是立足于本土文化的。临沂是一片历史文化底蕴深厚的土地，古有汉墓竹简、圣贤云集，今有红色经典、蒙山沂水，"大、美、新"临沂的蓝图唱响沂河两岸。

我校创建于 1963 年，地处沂河流域，位于金雀山和银雀山的交汇处。据说，金雀山脚下有一桃花盛开的山涧，故得名"桃花涧"。建校初期，我校即被命名为"桃花涧小学"。建校近 60 年来，我校一直属临沂地委行署的附属小学。特定的地域条件赋予了我校更多更好的发展优势。

学校管理的最高境界就是以文化人。因此,我校一直将学校发展规划的核心聚焦在学校文化这一总目标上。那么从何入手呢?

◎ 理念确立的基础和过程

我校的理念确立经历了一个寻根的过程:2003 年由学生自己创作的校训"相信自己,世界因我更美丽"成为最初的源头,在多年的发展中经历了以下理念的演变:"探究体验""人格、守格、破格""'三让'和'百分百'"……都遵循了生命的自然规律,与我校最初的校名——桃花涧小学不谋而合。桃花涧有山、有水、有桃树,有花、有果、有小溪,正是天人合一的自然美景,突显了一种意境——美,张扬了一种优势——自信。由此,找到了我校长期以来不断探索的办学理念的核心内容——"自信·尚美"。经过几年的实践探索,"自信·尚美"的教育理念已初成体系。

我校致力于以校训"相信自己,世界因我更美丽"所倡导的自信教育为核心,用心经营最美教育,生发出"自信成就美丽人生"的教育理念,形成"崇尚自信,追求最美"的学校核心价值观,全校师生遵照"立美、寻美、赏美、求美、创美"的教育模型,力争达成"做最美的自己"的校风,努力实现"打造教育的桃花源,成就最美的教育"的办学目标,让每个学生拥有快乐、自信的美丽人生。

◎ 今后三年的学校发展路径

在"自信·尚美"理念体系的引领下,打造最美教师队伍,通过最美教师建设最美课程,锤炼最美课堂,培养最美学生,从而实现"美的理念缔造美的教育,美的实践成就美的人生"的办学愿景。

1. 实施"三五"模式打造最美教师。

"三五"模式即五条线、五层面、五个生长点,通过设立周四讲坛举办"让梦想飞"成长论坛,引领自主发展。

2. 深入实施最美课堂。

一所有内涵的学校的最美风景应该在课堂。我校将深入践行业已形成的最美课堂策略(即"一个口号"——自信点亮人生;"两条主线"——四大环节明线 + 最美评价暗线;"三个层面"——学生、教材、教师;"四大环节"——唯美情境、自信起航,美妙体验自信成长,美丽展示自信分享,最美挑战、自信绽放;"五大元素"——先学后教、小组合作、交流展示、最美评价、检测拓展;"六大观课维度"——有效先学、独立思考、适当合作、主动交流、大胆质疑、认真倾听;"七度操作策略"——深度寻根、高度立本、效度务本、温度施教、亮度创意、角度看课、长度评价)的最美课堂模式,使学生大胆走向学习的前台,从根本上落实了学校的核心教育理念。

3. 关于最美课程。

紧紧围绕核心育人理念,对课程进行顶层设计。将学校课程分为美德课程、美心课程、美健课程、美技课程、美智课程五大类。

4. 用"寻美工程"的多元评价。

通过"积分争卡,升级夺章"将学习生活变成一场游戏，评选最美明星，成就最美学生。

就这样，我校将学校文化理念有机地贯穿于学校建设、发展的全过程，关注内在，注重质量，形成行之有效的操作体系，同时，将"自信·尚美"的教育理念深深根植于每个人心中，形成学校的独特气质。

这一教育进程是教育者心心相传的记忆，它成就了一所学校的最美教育，也成就了我——一个在这块土地上耕耘了27年的教育人。27年的坚守让我历练成长，27年的见证给予我力量和激情，有时会觉得这27年收获的其实是一份厚重的情感，我正用我的真情去做这份叫作校长的工作。

"做一个好校长，成就一所好学校"是我多年来的信念，经过思考，我得出两个命题：何为好校长？好校长何为？

有一个尊重学生天性的校长，学校就是一个充满童真和乐趣的乐园；有一个善于融入学生的校长，校园里就会弥漫着爱的气息……

2016 年 5 月

在思考和追问中探寻特色学校建设之路

这是我于 2012 年写的一篇文章,当时参加了成都重庆特色学校考察活动,观摩了五所学校,听了两场报告,犹如经历了一场头脑风暴,倍感震撼的同时,心中豁然开朗……于不断回味和思考中,我将心中所思所想慢慢地沉淀,写下了这篇文章,今天读来依然很受启发。

◎ 何为真正意义上的特色学校

在最近的观察、学习与思考的过程中,我进一步明确了特色学校的概念和内涵,渐渐认识到自己以往对特色学校的理解是片面的或是有误区的,有时似乎将学校特色、办学特色、特色学校等一系列的概念混为一谈了,甚至将某一个活动也定位为学校特色。学校特色不等于特色学校,它们是同质但分属不同层次的两个概念。学校特色指的是学校工作的局部特色,可以称之为特色项目或优势项目。学校特色可以体现在以下几个方面：总体上的特色，如治学方略、办学理念、办学思路；教育上的特色，如教育模式、人才特色；教学上的特色，如课程体系、教学方法以及解决教改中的重大问题；教学管理上的特色，如科学、先进的教学管理制度、运行机制；教风、学风、校风等方面的特色。

最让人满意的"一校一品"的特色学校是什么样的呢？我认为是将学校的某些特色渗透在学校工作的各个方面，体现出独特的整体风貌。学校特色可以而且应当发展为特色学校，这是一个由局部向整体推进的过程。我认为目前临沂市的特色学校的建设大多数只是处于学校特色阶段，离特色学校的目标还有相当一段路程。

1. 特色学校的本质是培植文化。

特色学校的本质是什么？龚春燕教授对此的解读是培植文化。文化是一种规矩、一种习惯，学校是传承和培植文化的地方，能够让每个学生有规矩、有习惯地生活，以文化人，厚植学校文化。

2. 特色学校建设也应该是以全面发展为基础的。

特色学校既具有一般学校的共性，又有与众不同的个性，能够从本校的实际出发，形成在教育上的个性风貌。人无我有，人有我优，人优我精。因此，特色学校必须是在规范的基础上得以发展的。

3. 特色学校是能看到、听到、感受得到的。

学校特色是客观存在的，只要接触过该校特色，无须自夸，便能感受到，且无时不在、无处不在，渗透至学校的各项工作和角落，渗透至师生的一举一动、言谈微笑甚至与灵魂气质之中。

4. 特色学校是有根的。

特色学校的建设要立足于学校的文化传承和学生的实际，不可人为地生拉硬套，亦不可仅限于外在的包装装饰，它一定要从学校的历史文化传承、地域的文化特征和学生的实际出发，要有对学校发展内外条件的准确把握。比如，谢家湾小学的特色根基就是红岩文化的历史背景，人和街小学依托的是它的地域特点和历史渊源。如果仅靠一些外来"专家"人为地点拨和包装，或以一些华丽的辞藻进行点缀，绞尽脑汁地造出一些"特色"来，那么这样的特色学校是没有生命力的。特色学校的建设是在历史发展中经过几代人的努力逐渐形成的，是一个长期的、渐进的过程，不可一蹴而就，更不能急功近利。

◎ 创建特色学校的目的

当前，特色学校的建设正如火如荼地进行着，很多学校都在努力发展自己的特色，这是令人欣慰的创新之举；可有的时候又觉得欠缺了一点什么。当看到所到学校的特色建设情况，对照自身的一些做法，我又反思到这样一个问题：我们建特色学校的目的是什么呢？是否有为创特色而创特色之嫌呢？当然，这本无可厚非。站在学校发展的角度来说，这是一件好事，至少能给学校带来一些活力。更有甚者，一些学校盲目跟风，认为反正别的学校这么做了，自己学校也这么干，没有想过创建特色学校的目的，更没有想过要发展的方向和意义？遇到这种情况，应该静下心来进行不断的反思：我们创办特色学校的目的是什么？就如联想集团柳传志所述，做事情一定要有明确的目的，这一目的必须要有持续性，要有价值体系，要经得起时间考验。确立了目的，道路再曲折，也不会走向相反的方向。暂且不说特色学校建设的真正目的，我觉得首先应摒弃两种做法：一是漫无目的地跟风，二是为创特色而创特色的功利性做法。

《国家中长期教育改革与发展规划纲要》中明确指出："（创建特色学校应）满足不同潜质学生的发展需要，促进学生全面而有个性的发展。"特色学校建设的终极目的是促进学生的发展，学校应该考虑的是如何培养学生的习惯，为他们将来的发展奠定基础。这个基础一定是全面的、坚实的，这个习惯一定是全方位的、扎扎实实的。如果学校陷入了"为追风而创特色，仅为追求个性和与众不同而创特色"的误区而追求某一方面的片面"特色"，那么势必会忽略"促进人的发展"这个终极目的。特色学校的建设必须立足于为学生夯实思想、心理、知识、能力、身体等方面的基础，特色学校的建设应该是全面发展基础上的特色。做特色一定要先做规范，在规范的基础上创建特色学校，从而达到促进人与社会发展的终极目标。

◎ 如何走好我校的特色办学之路

俗话说，想法很重要，行动更重要。回到现实，最应考虑的就是如何落实我校的特色办学之路。这是我在学习过程中不断思考的问题之一，基本思路是"精心提炼特色，用心打造特色，匠心物化特色"。

这句话来自龚春燕教授报告中关于创建特色学校方法的论述，原话是"精心确立特色"。这里将"确立"改为"提炼"，因为在以往的办学过程中我校已摸索出一条特色创建之路，初步构建出一套以校训为辐射点，以自信教育为核心的理念体系（校训是"相信自己，世界因我更美丽"；学校精神是"快乐自信每一天"；教育理念是"教学生一天，想学生一生"；办学理念是"让每一位师生在自信中走向成功"；管理理念是"让每一个学生都能拥有体验成功的机会、让每一位教师的潜能都得到最大限度的发挥、让学校的每一件设施都能得到充分利用"）。此外，我校曾被称为桃花涧小学。所谓桃花涧，是指有山、有水、有桃树，有花、有果、有小溪，是一处天人合一的自然美景和幸福乐园，这正迎合了我校校训的意境和立意。我校将在此基础上运用历史研究法、文献分析法、环境分析法进一步考察、论证以及提炼出更加适应学校本土实际的特色项目。校训是办学理念的高度概括。也可以说，今后的特色凝练就围绕着我校的校训做文章。办学理念源于实践又引领实践。我校通过以点带面、以局部促整体来形成整体的综合的特色；通过办学实践将自信教育的办学理念落实到校园文化建设上，根植于广大师生的心中。学校发展的核心动力来自学校文化的变革。生成办学理念，首先必须从校园文化建设抓起，通过校园文化建设，把自信教育的办学理念转化到学校物质环境、制度管理之中，贯穿于课程体系的始终，使自信教育理念真正融入师生的思想中，落实到行动上，并逐步形成行为习惯。这便是用心打造特色、匠心物化特色。

2012 年 12 月

亲爱的老师、同学和家长：

　　大家好！

　　时光荏苒，岁月鎏金，难忘的 2017 年即将过去，充满希望的 2018 年正向我们走来，我代表学校管理团队向全校师生、各位家长以及关心支持学校工作的朋友表示诚挚的问候，感谢大家为自己、为学校、为社会付出的努力和贡献！

　　2017 年 9 月，自学校新一届领导团队组建完毕，新的团队就迅速融入学校的快速发展变革当中，规划设计学校的办学愿景，直面办学的种种挑战，针对学校管理理念与行动方式展开系统思考和改进，实现新型学校的系统转型。同时，聚焦两个关键词——文化和美来设计和规划学校。因为"学校管理的最高境界就是以文化人""教育唯一能做的是使人性走向完美（康德语）"，所以我校选择以美为载体达成师生对美的欲求，以美学文化重构学校生活。学校是一切皆有可能的地方，我们相信美的力量。

感恩银雀园山小学里的每一个人，你们的支持与配合、执行与创造、信任与包容让年轻的团队和我经常眼含热泪。那些奔波辛劳的日子里，是你们的陪伴与分担，给了我们前行的力量。

咱银雀山小学的全体教师正坚定地朝着办一所有行动力的理想学校卓越攀行。别开生面的"开学是甜的"第一课系列活动，生动地诠释了校训的内涵，给学生的学习生涯注入了强大的动力；家长第一课课程、首届家委会的成立，使家长和教师融入了一个同行共荣的大团队，壮大了教育同盟，为银雀教育注入了能量和活力；缤纷的校本课程形成了系列，书法、美术、跆拳道、象棋、围棋、合唱、竖笛等社团活动蓬勃开展；我校的合唱团、民乐团登上了临沂大剧院的舞台，合唱团还代表我校参加了市级展演，苗庄小学的吟诵团登上了国家比赛的殿堂；以"回归初心做教育"为主题的德育论坛和王秀菊老师的报告会，让每一位教师明确了好教师成就好教育的理念；为深化课程改革，我校举办了"深度改课，促师生走进好课堂"的研讨会和推进会。与这一系列的活动相伴的是团队成员的无私奉献和默默耕作，学习培训、排练、公开课备课、汇报回馈、档案准备、迎接活动检查、服务保障支持、筹备、带病坚持工作……忙碌常常让教师们模糊了时间概念，不少教干教师在工作之余还在加班加点、无怨无悔地付出；与这一系列付出相伴的还有诸多美好，如家长们为校园增添了无限的温暖，多少次见到他们清洗桌凳、门窗灯具，流感期间几乎每天都能见到他们义务消毒的身影；银雀山小学可爱的学生们最值得我们骄傲，他们在塑造着银雀美少年的形象。银雀少年爱微笑、会问候，校园里随处能看到他们彬彬有礼地行鞠躬礼、听到他们的亲切的问候声；银雀少年有责任、爱劳动，他们会把校园里的每一件事都当成自己的责任，校园里每个角落的卫生都是他们整理出来的，每一片树叶都是他们扫起来的。阳光、温暖、自信、优雅就是银雀美少年的形象标签。

我们一直在为让每个教师、每个学生都活出属于自己的美好而努力着。尽管很努力，但精力实在有限。没能亲眼见证所有教师的每一次努力和进步，没能亲耳倾听与接受所有教师内心深处的困惑，更没能解决所有教师的需求与问题。但是我们相信——心心相通是一种真实的存在，一切的爱与美好我们都可以感同身受。

提升需要一种缓慢而不断受挫的过程，使自己成熟的正是承受压力后得到提升的能力。从来就没有完美的人，也不可能有完美的单位，但没有文化认同的单位只能叫作单位，有了共同价值观追求的学校才叫家园。为了弘扬好崇尚美、发现美、成为美的好"家风"，我们每个人都要努力不当评论家，不当事后诸葛亮，努力做"知行合一"的致美之人、"为学生致美人生奠基"之人。在这个共享的时代，你给予别人多少，得到的就有多少。我们深知，一个人可以走得很快，但一群人才能走得更远。让我们共同在每天的教育生活中寻找教育的美，创造美的教育。

回眸 2017 年，展望 2018 年，我们心怀感恩——感恩国家为我们提供了这样一份既足以养家糊口又拥有专业尊严的工作；感恩我们的领导专家能够时时处处帮助我们成长；

感恩能与同事们并肩同行;感恩我们的家长和学生,他们的赞美或挑剔,都将转化成我们的经验或历练,进而获得职业的尊严和专业的认同。

教育的过程就是和美好相遇的过程。一切相遇都是美的,所有的相遇都是为了让你的世界变得更大更美。让我们全体教师把感恩和美好放在心间,手挽着手,肩并着肩,与家长和学生一起,2017 年,以感恩结束,2018 年,从美好启程。银雀花开,一路芬芳;银雀飞翔,美丽人生……

2018 年 1 月

读书立美，为致美人生奠基

读书是世界上最美的姿态。

教育是一位爱读书的校长带领着一群爱读书的教师和学生一起读书。

以美为支点，以读书为杠杆，让学校里的每一个学生都能在读书中走向完美，让每个生命都活出属于自己的美好。近年来，我校把文化和美作为办学愿景，形成了具有银雀特色和美学气质的学校文化。

◎ 建致美校园，寻文化之根

在办学的过程中，全体教师不忘追溯文化之根，并在寻根之旅中发现，其实育人的过程就是追求真、善、美的过程。为此，我校将校训改为"读书立美，知行天下"，并把致美教育作为办学目标，即达到美、极美、精致的美、情趣的美。真正把美的文化贯穿于办学理念、学校核心价值观、校风学

175

风、办学愿景之中。

如何落实致美文化？在致美教育理念的引领下，围绕核心文化设计学校发展行动逻辑，让致美教师沿着最美评价的主线，通过打造致美课堂、建设致美课程，培养致美学生，提供致美服务，从而实现"给学生们一段最美时光"的办学愿景。2017年11月，作为齐鲁名校长所在单位，我校承接了山东省教育厅部署的菏泽市22名骨干校长跟岗培训的任务，将"以美育美"的教育理念进行了更广泛的传播，得到了社会各界的认同。

◎ 达阅读认同，现独特之美

学校文化是学校发展的一种软实力，其形成源于师生对文化的认同。校园之美在于特色，在于与众不同。临沂银雀山小学尤其强调办出自己的特色，形成自己独一无二的风格，彰显独特之美。

基于对阅读的共同认知，我校将国家课程、地方课程、学校课程有机地融为一体，将学校所有教育活动都纳入课程管理体系，"书香银雀（书香教师、书香家庭、书香娃娃）课程""读书是甜的""美读课程""经典诵读课程""名家（曹文轩）进校园课程"等读书课程让学生们读出了快乐幸福的味道。此外，我校相继开设了软笔和硬笔书法社团，号召教师和学生坚持训练，加之学校一直实行的早上粉笔字书写，构成了学校的书法课程。创建这一课程旨在继承和发扬中华民族优秀文化，重在练书法、学做人，提高师生的书法欣赏与审美能力，增加赢得成功的自信。胜利、苗庄、三合校区的书法课程随后相继开展,成为积极推进学校文化建设的另一道风景。

下辖各小学在弘扬传统文化、阅读习惯培养上始终保持着步调的高度一致。苗庄小学的国学诵读在立德树人新模式中生根、发芽、开花、结果,荣获 2017 年中华经典吟诵大会全国总决赛优秀组织奖、最具人气奖,团体二等奖等多项奖项;在迎接菏泽市骨干校长跟岗培训活动中,胜利小学的阳光大课间气势磅礴、场面震撼;苗庄小学的国学诵读、国学操展演场面恢宏,震撼人心;三合小学围绕"育文雅学生,塑儒雅教师,建优雅校园"的办学理念,不断深化学校内部管理体制改革和课堂教学改革,"学而雅书吧、星辰阁、书坊斋"已成为学生的好去处,雅文化深入人心;蒙山小学美术教育一直是该校特色,如素描、线描、中国画和手工制作、泥塑、油画、彩泥、剪纸课程。更有现场绘画百米长卷"我的蒙山,我的梦",让人赞叹不已、流连忘返。

◎ 塑致美师生,展发现之美

教育就是发现美,就是要善于抓住一个人在某个瞬间的好行为、好想法,在发现中肯定,在肯定中激励,在激励中传播,在传播中影响每一个人。

在打造致美教育的过程中,我校的管理者和教师团队深深地认识到,随着课程改革的不断推进,课堂教学必将成为每一所学校的核心竞争力。以美为核心内容的学校文化必须有以美为主线的课程来做实践引领,从而更好地让致美教育鲜活和生动起来。

我校选取备课这一关键、有效的支点来撬动致美课堂，促进学习方式从根本上发生改变；倡导教师在教学过程中回归原点，回到真实，追求实效，搞最真的教研，做最实的教案。备课首先要过三关，即找准教学目标、理清重点和难点、巧设核心问题；再通过自学、互学、共学、展学等学习方式去解决核心问题，让解决问题的过程变得具体、可操作。2017年10—11月，"深度改课，促师生走进好课堂"的研讨会、推进会轮番举行，致美课堂的改革亦步步深入。2017年以来，五个校区共有25位教师分别参加了省、市、区级语文、数学、英语、队课、健康等学科的"一师一优课"、优质课评比和技能大赛，有两人获"一师一优课"省优质课，11人获市优质课或一等奖，15人获区级一等奖；在兰山区各学科优质课评选中，我校所有参赛选手均获一等奖，五科获得第一名，斩获近年来优质课比赛的最好成绩，充分展示了致美课堂的无限魅力。

我校还组织开展了"发现美"的系列活动，用镜头捕捉美、用文字记录美，并评选出最美读书娃、最美教师等。然后通过电子屏的展示、最美校园故事讲述等形式来展示美。每个教师和管理者都是发现美的使者，他们鼓励和引导更多的学生走向追求美的道路。这不但鼓励了全体师生，树立了自信，引领了美，还营造了和谐、美好的文化氛围。每周一的升旗仪式由校长等人主持，讲述校园里的典型事例、美丽瞬间，并现场颁发奖状，之后再制作成海报长期展示在校园里。这就形成了"你真美——校长讲故事"课程。该课程的实施使得我校的致美文化得以有效地落实，将教育教学的各个环节有效地连接起来,共同营造了"各美其美、美人之美、美美与共"的学校文化氛围。

从一个人的行为变成一个群体的共识,并逐渐成为一个组织中共同的价值追求。我校就是这样通过发现美、传播美、创造美、成为美等一系列活动塑造致美师生的,让致美教育为致美人生奠定基础。

2018 年 4 月

最美课堂需要创意

斋藤喜博说:"教学倘是真正创造性的、探究性的,那么它就会达到艺术般的高度,给人以艺术般的魅力。"

我经常思考:课堂因何而存在? 课堂最终属于谁呢? 答案是多样的。我想,学生是课堂的根,是课堂存在的全部理由,课堂应该属于全体学生。

前几天,我听了包秀亮老师的一节美术课,印象特别深刻。

上课了,年轻的包秀亮老师和学生们聊起了天,"同学们,今天老师穿了一件很特别的衣服,想看看吧?"学生们和观课者都仔细打量起他来——人是比较帅,但没看出衣服有什么特别啊?! "别急,在里面呢?"这时台下传来了几位观课者的笑声,我本来有点倦怠,闻此笑声一下子清醒过来,这课有点意思了。

学生们的目光亦随之炯炯,见大家都目不转睛地看着自己,包老师将外套脱掉了,只见一件图案鲜明亮丽的黑色体恤出现在大家面前。包老师又来了个转身亮相,衣服前后都有着造型夸张的动物图案,很有视觉冲击力。这时,课堂氛围已被烘托起来,学生们的热情亦被点燃了。紧接着,包老师又调皮地问了一句:"帅吗?"在座的几位观课者被逗得捧腹,学生们惊喜又羡慕地大声喊着:"帅!"包老师继续说:"这是老师自己做的!""啊?"同学们倍感惊讶,露出难以置信的表情。包老师解释道:"这上面的图案都是我贴上去的,来,随我看看这些是什么……

包老师:"这是一只狗?不,我在画报上剪下来的一只狗的脸……看,他的耳朵是?"

学生1:"驴耳朵,哈哈哈……"

学生2:"还有狮子的身体……"

…………

学生们尚处于兴奋中,包老师问道:"想不想自己也来一件?"此时所有学生已经被将学习的内容深深吸引,包老师的课题自然而然地出现在黑板上,我不禁在心里赞叹:"真是好创意!"这是包老师对本节课的课程导入部分的精心设计,学生们跟随着包老师的思路早已不由自主地进入了学习的状态……这么巧妙的导入绝对是花了心思的。任课教师每天都在课堂上穿行,靠什么"镇"住学生呢?听完这节课,我悟得——创意,创意,还是创意。

前几年红遍网络的"世上最牛美术老师——邹华章"抱着一条蟒蛇走进了课堂。这样的"惊人之举"虽引起了一些争议,但他凭借不同于其他教师的教学思维和个性,使其教学充满热忱和激情。在他的课堂上,连学校公认的或调皮或厌学的学生也表现出了对知识的渴求。

我想,同样是讲课,有的教师讲得多彩多姿,有的则讲得索然无味。同样是教书,有的教师教得充实、美好,有些则充满倦怠。有人说,生命本质在于创造。课堂何尝不是如此呢!面对学生,每一个教育者都是艺术家。

2017 年 9 月

唤醒教育的初心

　　作家张洁在她的散文《我的四季》中写道："在这个世界上，每个人都有一块由他自己耕种的土地。"对我而言，这块必须由自己耕种的土地就是深植于我内心的教育梦。

　　习总书记也说，我们都是追梦人，不忘初心，方得始终。

　　曾听得一则寓言：一群人匆匆赶路，突然，一人停下。旁边的人不明所以，问道："为什么不走了？"停下的人笑答："走得太快，灵魂落在了后面，我要等等它。"是啊，正如黎巴嫩诗人纪伯伦所说，"我们已经走得太远，以至于忘记了为什么出发"。那么今天站在新一年的门槛上，就让我们先停下匆匆的脚步，回望一下走过的路。

　　时至今天，最美教育已走过五年的征程，那么在教师心目中最美教育是什么？我们不必用优美的语言去描述它，因为最美教育本身不是华丽辞藻的堆砌，而是每一位教师真真切切的行动。作为从自信教育到最美教育的教育者，我们每一天都努力地在教育生活中寻找教育价值和专业尊严，竭尽全力地做好自己的本职，尽好自己的本分……这才是最美教育的真谛所在。

回顾最美教育由青涩走向成熟的历程，教师们有时会忘记初心，远离最美教育的真谛。因为忘记了初心，他们在教学之路上有时会走得茫然，重知识的灌输；因为忘记了初心，他们会以分数衡量一个学生，失去了灵动多样的课堂，以至于教育中只剩下"教学生写出试卷的正确答案"这一件事。有的教师认为只要教好自己负责的学科就行了，与本学科的成绩相比，学生品行的好坏显得不是那么要紧；有的教师会理直气壮地把在课堂上犯了错的学生交给班主任；有的教师会对走廊里打架的学生不闻不问；有的教师会对向自己问好的学生视而不见；有的教师会拒绝参加本班家长会，认为那是班主任的事；有的教师甚至适应了蜷缩在自己的世界里得过且过，习惯了将育人的事业经营成敷衍的撞钟度日……不！这不是师者应有的格局和境界。

陶行知说："先生不应该专教书，他的责任是教人做人；学生不应该专读书，他的责任是学习人生之道……"教育的初心首先应该是育人。

其实，每个教师都该有一颗育人之心。教师不仅是种职业，更是一份责任。师者的任何一个举动都可能是学生学习的示范，只不过可能是好的也可能是坏的。如果所有教师和教干本身的德行举止是好的，做人是善良的，是有爱心并负责任的，那么学生也坏不到哪儿去。

教师教学的学科其实就是个媒介，是引导学生走向长远发展的媒介。这就是为什么教师不只让学生知道

1+1＝2,还让学生懂得为什么 1+1＝2;也不只让学生简单地把队走齐、把操做好,还要让他们知道这是做人的精气神,是完善自我的根基。和学生相处的每个瞬间、每个细节,都是师生互相浸润的写照,它与心灵相关,与学生一生的成长相关,也与教师的专业发展和心灵丰富相关。小学不小,奠基未来。教师们以此自许并战战兢兢、如履薄冰,教师自身并不伟大,但他们在成就伟大。小学教师对童心该有一份敬畏之心。这是一种生活信念,也是一种人生态度。"让每个学生拥有快乐、自信的美丽人生"不是一句口号,而是对学生长远发展负责的一种态度、一份承诺、一份坚守和实践,是形成乃至影响学生一生的核心素养。

坦诚地讲,教育别人是以自己为起点的。因为一个人永远不可能给别人自己没有的东西。教师在面对教育对象时需要回到自身,从认识自己、发展自己开始。新的一年,让我们静心反思,修正自我,从教育生活的点滴做起;不忘初心,逐梦前行,自觉践行最美的教育!

1. 微笑的你很美。

每天,面带着笑容走进教室,用这世界上最美丽的语言面对学生,开启幸福的一天。

2. 控制好情绪,你就是好老师。

其实,一切所谓的师德问题,多数都源于情绪失控。无论何时何地,教师都不能做情绪的奴隶,不让行动都受制于情绪,应控制好情绪。

3. 走下讲台,走近学生。

到学生中去,敞开心扉与学生倾心交流,聆听他们的心声,及时响应"心灵的呼唤"。读懂学生,才能让学生接纳你的教育。

4.给"特殊学生"特别的爱。

爱优秀学生容易,爱"特殊学生"难。因其难,才显得更加珍贵。也许这些学生就是你工作中的核心痛点,这些问题解决好了,很多问题便会迎刃而解!

5.留意生活中点滴的美好,为自己的幸福而活。

一杯咖啡、一盏香茶、上班路上的一处风景、办公室窗外的一声鸟鸣……关注自己的需求,做快乐的自己。哪怕不能把日子过成诗,也要努力把它"折腾"成自己喜欢的样子。

6.清理好自己的办公桌。

在自己喜欢的环境中生活和工作是一件很快乐的事。请把办公桌收拾得像内心一样整洁、有序。

7.成为喜爱阅读和思考的那个人。

生活里没有书籍就好像没有阳光,智慧里没有书籍就好像鸟儿没有翅膀。作为一个普通人应该热爱阅读,作为教师——知识的传播者,更应意识到阅读的重要性。要让学生喜欢读书,首先自己要喜欢读书。很难想象一个不喜欢读书的教师将如何拓展课堂的知识,怎样用生动活泼的内容启发学生的心智。

8.笔耕不辍,勤于反思,讲好校园故事,践行最美教育。

做教育生活的观察者、学生的研究者,记录并积累自己的教育故事。有了这个积累,才会有丰富多彩的教育生活,才可能形成独特的教育主张,才能感受到教育的幸福。

每个人的心中,都睡着一个美丽的自我。

教育的初心在于唤醒,唤醒向上的自我、唤醒美好的人性。作为最美教育的逐梦人,教师的肩头多了一份沉甸甸的责任:努力将学校的理念落实为实践与行动;坚信只要行动,世界就可以改变。学着宽容学生们每一个看似不可原谅的失误,期待每一张羞怯的面孔闪烁光芒,赞许他们每一次微不足道的进步,盼望每一个学生的心田云卷云舒!用我们对最美教育的渴望和痴情,用我们的童心和智慧,去唤醒每个学生心中最美的自己。

2017 年 1 月

教育之美，美在课堂——写在兰山区德育优秀课例展评活动之后

　　历时一个多月的区级德育赛课活动结束了，我校十名选手经过海选、初赛、设计、修改、打磨、完善等一轮轮的历练和磨砺，得到了成长和提升，也取得了优异的成绩。其中四名选手获得第一名，其他选手按照区里的一等奖的数量比例推算，也都在一等奖之列。能在强手林立、名校云集的驻城组取得这样的成绩，说明我校的团队和选手是有实力和战斗力的。这是我校自2018年开始实施致美课堂改课行动以来取得的一次重要突破，初步验证了我校的改革实践是有效的。和赛课团队一同走来，我对课堂和改课有了新的思考：立足于以核心素养为目标的新一轮课改形势我校教师应该为什么教、怎样教、如何才能教得好？如何让我校的致美教育在课堂上落地？我想，以美为核心内容的学校文化必须有以美为主线的课堂来做实践引领，教育之美美在学校，学校之美美在课堂。

◎ 美的课堂要有基本的教学逻辑

以往听过不少教师的公开课,发现了一个共性问题:教师把课堂氛围烘托得热热闹闹,又是小组合作,又是即兴表演;一会儿大屏幕展示图片,一会儿学生抢答问题……看似热闹的背后往往缺少基本的主线和逻辑。教师之所以设计出这样的课,多是因为看过一些赛课和公开课;但只关注了课堂表面灵活热闹的形式,而没有深入理解人家为什么这样设计,致使自己只学到皮毛,未学到本质。殊不知,好的课堂一定是富有逻辑的,任何学科的课堂只有在逻辑思维的引领下,学生才能静静地思考,畅快地表达,自然地生成。他们有时会会心微笑,有时会激烈讨论,无哗众取宠之热闹,有缜密有效之快乐。

什么是教学逻辑呢?逻辑就是有道理。教学逻辑就是教师的教学行为要有道理、问题设计要有道理、教学流程要有道理。对于不同的学科来说,这个"道理"有着不同的内涵,如学科的特点、学生认知的基本规律、表述呈现方式。总之,一切设计都要合乎逻辑。教学流程是由一个个教学环节组成的。这些环节之间流程的发展应该是一个合乎逻辑的运行,谁在前、谁在后,为什么要先安排这样一个环节,它的教学价值在什么地方,环节之间又是什么样的关系,都应该有道理可循,这就是教学程序合乎教学逻辑的体现。备课、磨课的过程往往能够帮助教师打通整节课的逻辑思路,理清整节课的思维脉络。在磨课时,教师常常追问的问题是"这个地方为什么要这样设计?""这是想达到什么目的？""这个环节与上个环节有什么联系？"一节好课的基本标准就是让任何一个观课者（包括外行）感到学会了、听懂了、会做了、豁然开朗了。如果没有达到这一标准，哪怕整节课看起来再精彩、再热闹，也不能称得上是一节好课。

◎ 美的课堂要有先进的理念引领

新一轮课程改革的主要任务是更新观念、转变方式、重建制度。其中，转变方式是指转变传统的教与学的方式，其目的是为了转变学生的学习方式。我国借鉴了美国自19世纪末就开始的，现正被其大、中、小学大力提倡的"以问题为中心的学习"和"以项目为中心的学习"的成功经验。其意义就在于通过改变学生的学习方式，赋予学生自主学习的能力、自主决策能力、收集处理信息的能力、解决实际问题的能力以及与他人合作的能力。最主要的是引导学生关注人类面临的大问题，以培养学生的创新精神与实践能力以及对人类、对社会的责任感。也即现在国家大力倡导的核心素养的培养——适应终身发展和社会发展需要的必备品格和关键能力。

说到底，新课程所倡导的主要学习方式是自主、合作、探究。自主是指自觉地、主动地、独立地学习。有研究表明，人们从学校获得的知识仅占其一生中所需知识的20%，其他80%的知识需要依靠自学来获得。因此，一个人自学新知、获取新技能的能力将决定其命运。合作是指通过与同学、老师的合作来共同解决旧问题，产生新问题。只有在学校里养成与人合作的意识，才能在社会上获得与他人合作以及和睦共处的能力。探究是指将学习的过程视为发现问题、提出问题、分析问题、解决问题的过程。

澳大利亚未来学家伊利亚德说："如果你今天不生活在未来,那么你的明天将生活在过去。"同样,教师在教授一节课前也必须先跨越到未来,只有飞得高,才能俯瞰,只有走到前面,才能回望,只有俯瞰和回望,才能研究得深入、全面、科学。因此,教师应在"情境导课、唯美入心;独立自学、各美其美;合作互学、美人之美;交流展学、美美与共;检测拓展、挑战至美"五个主环节的基础上开展教学,以问题为导向,通过自学、互学、共学、展学等学习方式解决核心问题。一切方法和措施皆应直指核心素养,直指深度学习。

◎ 美的课堂要突显学生学习的主体性

课程改革要解决学生怎样学的问题。长期以来,教学管理方式和考试制度往往会对学生的学习带来如下后果:被动学习并且只关注知识的结论和考试要求。我国传统的应试教育制度也许无法在当下得到彻底的整改,但时代的发展需要教师尽最大的努力去思考、实践、改变,不断寻找空间,力求有所改变。重要的是把学生作为主体,去思考能给他们提供什么,支持他们怎样发展。

新课程提倡师生在互动中与教学文本交汇碰撞,新的信息、新的学习需要不断涌动,学生的认识才会不断加深、提高。这样的课堂,师生都会得到发展,是课堂教学的理想境界。本次赛课活动中,各个学科都展示了积极探索的成果,但还有很多问题需要深化研究和持续实践总结。一切的教学目标、教学策略、教学手段都必须指向学生,服务于以学生为核心、以能力提升为旨归、以尊重情感体验为前提的学。离开了学生的学,任何的教都没有意义。因此,必须"以学评教",以学生和学生的学来评判课堂,来审视、考查课堂,检验教师的教、转变教师的教,以此促进课堂"学习生态"的形成,让学习真实地发生,让学生经历从不会到会的过程。

运用这样的学习方式,可能有的教师会说:"我原来会教,你这么一说,我反而不会了";有的教师可能会质疑这样的课堂是否浪费时间;有的教师在实施时会有走过场的现象;有的教师会质疑实施这种学习方式前的渗透是否存在作假;等等。对于此类现象和问题,教师必须有正确的认知。每一种学习方式的改变都是一个艰难的过程,首先体现为每个教师理念的改变和提升,再就是行动的落实,而人们往往会陷入一种习惯、一种舒适区不能自拔。之所以为了这种学习方式的改变做一些"多余"的提前渗透,是因为很多学校的教师还没有把这种改变落实到自己的课堂和实践中去。因此,在备课设计时教师应将一些学习方法、合作程序、互动形式等渗透到教学环节之中。这些问题都有待在今后更加深入的研究和实践中找寻答案。

关注学生的学还要解决学什么、怎么学的问题。我认为最值得关注的是把知识的学习放在生活情景中进行。今天的教育,应该让人成为完整的人。完整的人之素养是在知识学习过程中形成的,过程中的重要一环就是与生活的结合。生活情景是知识转化为素养最主要的路径。如果缺了生活,知识就只剩下描述性意义。描述性意义的学习不是知识学习的全部意义,后者需要体验和感受。所以说,基于书面知识,结合生活情景,才能让学生通过学习使自身的内心世界变得更加充实、丰富,才能实现学生学习的三维目标。

◎ 美的课堂要给学生安全感

在备课研讨的过程中,经常会听到教师们谈起有关学生纪律的问题。例如,如何才能让小学生听话,如何让课堂有秩序。每当这时,我都会撂下几句话:"错!你唯一的目的是如何把课堂搞'乱'!这个'乱'字其实是指如何让课堂活跃起来的话题。这个时候最怕的就是学生不敢说。为什么呢?因为课堂不安全。"

这里的安全当然是指心理的安全,而不是指一般意义上的人身安全。如果学生在课堂上能做到不焦虑、不恐惧、不孤独,那么这样的课堂才称得上是安全的课堂。美国的一位教育者说:"对大多数学生来说,学校是一个让他们感到羞辱、威胁,受到嘲笑、折磨、取笑,让他们觉得无能为力的地方。想一想什么时候学校对你是可怕的?如果你牢记这些时刻,并尽力保证它们永远也不会发生在你自己的学生身上,你就已经开始创建一个更安全、更有爱心的集体。"

所以,若想使得一节课成功,就必须给学生创设一个有安全感的课堂。比如,教师提问,学生举手但答错了,教师立刻拉长了脸说:"你坐下!"这还是客气的,有的教师还会说点挖苦的话。教师的这种做法就破坏了学生的课堂安全感。这在一定程度上诠释了为什么学生的年级越高越不爱发言了。为什么学生不爱发言呢？很可能是因为他们缺乏安全感。事实上，学生所要求的安全并不是放纵。如果学生在课堂上出现畏惧或抵触情绪，那么他们那些自然的原本的创造萌芽都将在第一时间被扼杀。

◎ 美的课堂要有情感的温度

在磨课过程中，教师们还得出了一个重要的结论：任何一种课堂设计，即便它很完美，一旦离开教师的热情和投入，也无法达到理想的效果。若一节课的知识点没有经过教师情感和心灵世界的加温，只会让学生变得越来越冷漠。教育需要温度，绝非一句空话。在备课过程中，我常常向教师们强调：你们若没有温度，如何温暖学生；你们若没有热情，如何构建优质的课堂。

尊重生命自然成长的规律，给课堂温度，让师生都能在课堂上收获温暖，找到归宿，这才是实施致美课堂中教师应具备的首要条件。

当然，温度并不仅仅是指教师的热情和感染力，还指一种专注，如雷夫那节点燃了他头发的化学课。这种专注给予了学生温暖和力量。致美课堂达成的不仅是课程知识，还应该是情感与情感的凝望、思想与思想的握手、生命与生命的触碰。

◎ 美的课堂要从功利回归到育人

教育的根本任务是立德树人。本次讲课比赛的主题是德育课例评选。一开始有人问为什么叫德育课？怎么所有的学科都是德育课？我的理解是课堂本来就应该是这样的，每节课都应该渗透德育内容。教育和学习不仅在于实现显性的知识目标，还需要从单纯的功利性目标走向直抵人心的真正育人的教育，从而真正回归育人的本原。

然而，在备课试讲的过程中出现了刻意的德育行为，有时甚至出现与课时内容连接不自然的现象。为此，我给教师们举了这样的例子：盐对人的身体健康很重要，如果每人发 15 克盐，请大家直接吃盐，相信是没人爱吃的，但若将 15 克盐放进菜肴里，味道很鲜美，则人人都愿意吃。课堂中的德育好比是盐，教学中的内容和环节好比是菜肴。我们常常觉得盐重要，故将盐从菜肴中提取出来，让学生直接吃，再吃淡而无味的菜肴。结果无论是盐还是淡而无味的菜肴，大家都不愿意吃。盐怎么吃其实就是德育怎么做的问题。因此，课堂中的德育渗透应该是借助教学内容和环节巧妙地融入其中的，这样的德育才自然舒服，润物无声。

比如，音乐课不仅要教学生唱歌、弹琴，还要让学生学会在具体的情景下，充满参与艺术活动的热忱，感受生活之美，学会创意表达。感知音乐艺术和用音乐语言表达，仅仅用人声还不够，还得用各种乐器（身边唾手可得的生活用品都可变作乐器），用音乐的不同旋律和节奏来表达不同的情绪和感受。

◎ 美的课堂是不需要套路的

近年来，课堂教学改革的深度和宽度均已发生变化，不同的教学模式将对我校的课堂教学产生较大的影响。在致美课堂的构建上，我校在保持以学生为中心，自学、互学、展学三种学习方式的基础上自由地创造性发挥，创建样板，让大家去变通借鉴，然后再去超越，最后形成优质课。

致美课堂是让学生通过自学、互学、展学等方式达成课时学习目标，养成终身发展能力的一种课堂形态，其核心内涵是以学生深度学习为本，以学生核心素养发展为本。总之，致美课堂是一种立足"学生为中心"的课堂教学思想和教学标志。它不是教师表演的大舞台，而是学生学习的主阵地；不是个体学习的训练所，而是合作探索的主战场；不是应试训练的主管道，而是智慧生成的孵化器。

实践证明，课堂教学就是学校的核心竞争力，所有关于教育的改革和探索，归根结底都应回归到课堂中去。只有深挖课堂这口井，才能靠近教育改革的核心地带，学校才能走向真正的优质。课堂改变，学校才会改变；课堂优质，学生才会卓越；课堂创新，学生才会创造；课堂进步，教师才会成长。

一句话：

一所有内涵的学校，最美的风景应该在课堂。

一位有底蕴的教师，最高尚的师德就是上好课。

2018 年 5 月

亲爱的老师们、同学们:

大家早上好!

当你们在新学期"跳绳挑战赛"上奋力跳跃的时候,当你们写出新学期"启阳愿望卡"的时候,我知道,你们——临沂四小的启阳学子们又向新学期的目标进发了。在这个重要的时刻我有三句话送给你们。

像阳光一样健康!

像阳光一样智慧!

像阳光一样温暖!

这三句话源于我校的启阳文化,我校的校训是"开启未来,一路阳光";两句话合起来就是启阳,就是我校的启阳教育。启阳教育的核心目标就是让四小的每一个学生都如太阳一般光明、灿烂和美好,像阳光一样健康、智慧、温暖。

◎ 像阳光一样健康

学校把身体健康视作启阳学子最为基础的核心素养，为此我校在寒假就启动了"跳绳吉尼斯挑战"活动。就在上周，我校的首批"吉尼斯纪录"就诞生了，刚才的颁奖仪式上我们共同见证了他们的风采。从今天开始，这些同学就是你们要挑战的目标。我也期待那些挑战赛上的"困难户"先从挑战自己开始，好好加油，和教师、家长一起，想办法，设计划，挑战困难，超越自我。今后我校还会通过体育家庭作业设置跳绳挑战、俯卧撑挑战、仰卧起坐挑战，每天挑战坚持打卡。每一个周末，动员家长们挤出些时间带孩子去爬山、打球、健身；同时，带动全家一起健身，形成运动共同体。今后我校将以定期挑战＋随机挑战的模式开展多项强身健体活动，全体师生一同体验坚持与挑战的快乐。挑战成功者将会登上学校制作的"吉尼斯榜"，张贴在校园的宣传栏里，展示强者的风采。

◎ 像阳光一样智慧

小学生的首要任务是读书学习，通过读书、学习增长自己的智慧，提高自己的修养，成就自己的人格。学习的价值：第一，在于能够因学习带给我们沉醉其中的快乐与挑战；第二，在于能够因学习达成自我德与智的完美与和谐。通过修炼，让智慧、修养、气质和身体都尽可能长成自己憧憬的那个模样。用我校启阳教育的话说，启阳少年要发展自己的兴趣，正视自己的弱点，勇于面对和挑战学习中一个又一个的难题,在丰富充实的学习读书生活中找到乐趣,形成志趣,并将这一切付诸实践与行动,在不久的将来,形成一种改变世界的力量。

◎ 像阳光一样温暖

给别人和世界带来温暖。怎样做一个温暖的人呢?比如,遇到师长、来宾主动问好;上下楼梯,人多拥挤,注意谦让;讲究卫生,不乱扔果皮,见到纸屑随时捡;不给别人添麻烦。严格遵守《临沂四小启阳学子阳光约定》,从小学习做一个给别人带来温暖的人。前几天我读到一篇考察报告,是说我国访问团赴日 21 天,对日本进行全面考察后得出一个结论,那就是虽然近十年的日本经济持续低迷,但是其社会发展已达到高度文明的程度。我国访问团的代表在考察中强烈地感受到什么是真正的整洁干净,日本街道上的垃圾筒不多,人们出门都自觉携带垃圾袋,把准备扔的垃圾保存起来,放在垃圾回收处。在任何地方,都看不到乱扔垃圾和随地吐痰的现象。这让我想到了 2014 年的世界杯比赛,其中,日本和科特迪瓦的一场比赛中日本队战败。尽管如此,比赛结束之后,日本球迷没有马上离开,他们拿出垃圾袋将看台上的废弃物品清理干净之后才离开足球场,留下干净、整洁的足球场,这令现场的各国媒体刮目相看。日本人还具有强烈的节约意识。日本饭菜的分量都较少,刚好够一个人吃,即使聚餐亦不会出现浪费的现象。他们认为资源有限,视浪费为犯罪;还提倡并推行全社会节能,办公室、家庭和许多公共场合都只开一半的灯,没有强制,都自觉地实行。他们有句口头禅是"不给他人添麻烦",每个人都把自己的事情做好,并尽力做到尽善尽美。他们还有一个特点就是讲礼节,对人非常有礼貌。日本人的鞠躬礼世界闻名。

启阳学子应把卫生、节约、有礼当成自己的人生必修课。一个高素质的人一定是一个温暖的人,一个有能力接受未来挑战的人。

俗话说,知道的是理,行出来的才是道。理想很美好,但只有行动起来,它才可能被实现。从今天开始做一个健康、温暖、乐学的启阳少年,向自己最灿烂、明亮的美好人生进发。

2019 年 2 月

亲爱的老师们、同学们：

　　大家好！

　　不知大家是否注意到，与往常有所不同，今日的讲话在仪式之前进行，因为我想邀请全体师生上一节体验课。首先，请教大家一个问题：此刻，我们为什么站在这里？或许你们认为这是一个非常简单的问题，一年级的小朋友可能会说是老师让我们站在这里的，高年级的同学会说我们要在这里举行升旗仪式……其实，我们大多数人都从未认真思考过这个看似简单的问题。是啊，每周一的早上，全体师生（现在是 5 012 人）都要停下自己手边的工作或学习在这里集合，而且是周复一周，年复一年。这是为什么呢？！六年级的同学已参加过上百次，而不少年长的教师甚至参加过近千次，可每个人都没有认真思考过这个问题。

　　所以在以往的升旗仪式中，常常出现同学们交头接耳、嘻嘻哈哈、随意说话、东张西望、不唱国歌等一些不严肃的现象。这些现象与本应庄严肃穆、自豪激昂的升旗氛围格格不入。

你们都是新时代的学生，虽然曾经的浴血奋战和硝烟弥漫离你们太过久远，历史的苦难、中国的危急时刻也被载入史册，但是你们应当明白：国旗——新中国的象征、国歌——中国人心中最激越的旋律，将穿越时空，延续我们中华民族的伟大精神。国旗的光辉伴随着每一个中国人的成长，国歌的旋律激励着每个中国人前行！

一面国旗，招展着一种象征，战争中的勇气、异国思乡的亲情、国际交际的尊严；一面国旗，书写着丰厚的内涵，那是祖国的土地，那是不屈的奋斗，那是国家的富强。国旗照耀航程，国歌催人警醒，"起来，起来"的呐喊鼓舞着每一个中国人不断创新、自强不息。每当国歌奏响，国旗迎风招展时，我们总能从那满含泪花的凝视、自豪激昂的歌声、洋溢喜悦的面庞和挺直的腰杆中体会作为一个中国人的自豪！所以请记住：热爱祖国，从升旗仪式开始！

对于升旗仪式，国家有着严格的规定：中小学校每周举行一次大型升旗仪式，重大节日、纪念日或大活动也要举行，要每日早晨升旗，傍晚降下。升降旗是一种严肃、庄严的仪式，在礼仪方面有着严格的规定：在举行升旗仪式的全过程中，所有人都应保持端正肃立；当主持人宣布"升国旗、奏国歌"时要立正、脱帽、行注目礼，少先队员应行队礼，直至完毕；当国旗徐徐升起时，在场所有人都应仰视，神态庄严，保持安静，不喧闹，不东张西望或自由走动，如因特殊原因迟到，应立即停止走路，立正并行注目礼，在任何地方遇到升旗都应如此。

行注目礼时要抬头挺胸，双目注视国旗，不能倚靠他物，手自然下垂，不要插到口袋里或背在身后。

同学们，国旗和国歌诞生在中华民族生死存亡的危险时刻，它是中华民族伟大和光荣的象征。当了解了国旗、国歌的深刻含义之后，你们就会知道我们为什么站在这里，就知道应该用怎样的礼仪对待升旗仪式。其实，六年级的同学早已为我们树立了榜样，每次升旗仪式，他们总是提前到达指定地点，整整齐齐地列好队，安静肃穆地等待升旗仪式的开始。我注意观察过，从升旗的准备阶段到最后退场，他们始终保持着最饱满的姿态，遵守着最严明的纪律。在此我提议：爱国要从升旗仪式做起，要时刻牢记自己是中国人，是一名有人格、有尊严的小学生，尊重国旗就是热爱祖国，更是尊重自己，像六年级的同学那样做，你就会赢得所有人的尊重。同学们，让我们用实际行动践行升旗的礼仪规范，让我们的升旗仪式成为校园中最美、最震撼的一道风景吧。相信你们一定能做到。我拭目以待！

2019 年 4 月

九月的祝福

——临沂市第23个教师节庆祝大会上的献词

（伴随军乐，全体队员挥动花束，边上场边欢呼："祝贺！祝贺！热烈祝贺！"直到排好队列，军乐停，欢呼停。）

尊敬的各位领导，亲爱的老师们：

你们好！

甲：九月的祖国，金风送爽；

乙：九月的天空，霞光万丈；

甲：九月的阳光，格外灿烂；

乙：九月的花朵，绚丽芬芳。

甲：金色的九月，回首是硕果；

乙：金色的九月，放眼是希望。

甲：当北京奥运的激情刚刚被点燃；

乙：当五届书圣文化节的喜庆还在飞扬；

甲：我们又欣喜地迎来了第23个教师节。

乙：让我们手捧美丽的鲜花，

连同深情的祝福，

一起献给您——亲爱的老师!

全体:一起献给您——亲爱的老师!

甲:让我们带着全市少先队员的敬意,

　　向您表示热烈的祝贺!

全体:祝贺! 祝贺! 热烈祝贺!

乙:向辛勤的园丁们,

　　致以崇高的致敬! (敬礼)

全体:致敬! 致敬! 崇高致敬!

甲:世界,因为有了秋天而甘甜;

乙:秋天,因为有了九月而灿烂;

甲:祖国,因为有了我们而年轻;

乙:我们,因为有了老师而温暖。

甲:敬爱的老师,在您的节日来临之际,

甲乙合:让我们为您献上最美的歌!

甲:今天是教师的节日,尊师重教的旋律响彻四海;

乙:我们是您心中的花朵,奠基未来是老师满腔的情怀。

全体:尊师重教! 奠基未来!

甲:歌声中,我看到年幼的我,

　　正被您搀着走过一条小河;

乙:歌声中,我看到顽皮的我,

　　正在倾听您深情的诉说。

甲:歌声中,我知道,

　　那块黑板写下的是真理,擦去的是功利;

乙：歌声中，我懂得，

　　放飞的是我们，守望的是老师。

甲：敬爱的老师，是您——

　　第一次牵引我们走进知识的殿堂，

　　用五彩的粉笔播下知识的种子。

乙：在您的引领下，

　　我们学会了加减乘除、诗词歌赋，

　　懂得了做人的快乐和真谛。

甲：敬爱的老师，

　　您抱着的——

　　是安徒生笔下的丑小鸭，

　　明天，将像天鹅一般展翅翱翔。

全体：我们展翅翱翔！

乙：您领着的——

　　是一行展翅欲飞的雏雁，

　　明天，他们不怕雨大、风狂！

全体：我们不怕雨大、风狂！

甲：敬爱的老师，

　　因为有了您的谆谆教诲，

　　才有了杨利伟的豪情冲云天；

乙：因为有了您的悉心指导，

　　才有了刘翔的横空出世、女排的再现辉煌。

甲：敬爱的老师，

　　现在的我们正值花儿的季节，金色的时光，

是您教会我们谱写这最美的一章。

乙：我们爱幻想，快乐中有无知，

是您为我们直挂云帆。

全体：我们成长的小舟，才能够乘风破浪！

甲：老师啊，老师，

开启灵魂的是您；

播种梦幻的是您；

塑造人生的是您。

乙：在微明的晨曦中，

您竖起一面面希望的旗帜；

甲：在朦胧的暮色中，

您点亮一盏盏求知的明灯。

乙：您引领我们认识世界，热爱祖国，

将建设大临沂、新临沂的重担勇挑在肩上。

甲：今天，人类迈入了崭新的一页；

敬爱的老师也面临新的挑战。

乙：但我们知道，

与时俱进、开拓创新，一定是您不变的誓言。

甲：路漫漫其修远兮，

上下求索的历史中，

您必将谱写最壮丽的诗篇！

乙：前进的号角已经吹响，

十七大啊！

党的盛典指引航向。

甲：中国——

这艘世纪航船必能披荆斩棘；

我们的祖国，明天更辉煌！

乙：崭新的临沂城，

五谷丰登人气兴旺；

向着"经济大市、商贸强市、文化名市、宜居城市"的目标昂首迈进。

甲：亲爱的祖国，

我为您骄傲；

乙：可爱的家乡，

我为您自豪；

甲：敬爱的老师，

我为您祝福！

乙：让我们用最质朴的语言唱出心中最美的歌。

甲乙：我爱您，亲爱的祖国！

我爱您，敬爱的老师！

全体：祝老师节日快乐！

祝祖国繁荣富强！

（乐队奏乐，全体边呼"预祝大会圆满成功"边下场）

2007 年 10 月

2008，我们一起走过

当巍峨的华表让挺拔的身躯披上曙光，当雄伟的天安门，让风云迎来东升的太阳。耳畔，传来了59响隆隆的礼炮，那是中国沧桑巨变的回响。祖国啊！这诗意的名字弥漫着您的每一个季节，那是羽白色的鸽子在蓝天下，唤醒了十月的第一个早晨，啊！祖国我爱您爱得太深太久……

此刻，我们的心在激荡，我们的情在流淌，因为我们在共同感受建队日的盛况，因为我们和祖国一同成长！

2008年，是一个不平静的年份。

年初，我国南方地区经历了一场几十年不遇的雪灾。因为罕见的大雪，这个冬天变得异常寒冷；因为八方的援助，这个初春变得格外温暖。

5月12日，汶川大地震——震动了中国，震动了世界，震动了人类。那一刻，所有中国人集结起亲情的力量。在地动山摇的瞬间，多少人挣扎在废墟下，渴望生存的最后一线希望；多少人不抛弃、不放弃，创造出一个又一个生命的奇迹。

谁都不会忘记，一个刚从废墟中被救出来的小男孩，将受伤的右手艰难地举起，向救他的解放军叔叔敬了一个礼，小男孩只有三岁，这一举动感动了在场所有人和全国人民，他被称为"敬礼娃娃"。

还记得眼前这个虎头虎脑的小男孩吗？脸上擦伤的痕迹依然清晰，头顶上的伤疤依然还在，受伤部位的头发还没有长出来。他就是救了两名同学的小英雄——林浩。地震发生的那一刻，他们正在上数学课。逃出来的林浩并没有跑开，而是去救还压在里面的同学。一个、两个，后来自己又被埋在了楼板下面。说起自己救人时的情景，林浩显得很镇定，稚嫩的童声里还带有几许乡音："因为我是少先队员！"

红领巾和队礼是如此的鲜艳夺目，如旗帜般引领他们在危难中舍己救人、英勇不屈，人民的利益高于一切的崇高思想，指引着他们临危不惧地挽救他人生命。

带着国人对汶川的爱心凝聚，2008 年 8 月 8 日，北京奥运会的圣火历经 130 天不平静的传递，终于在国家体育场成功被点燃。

忘不了美丽的残疾女孩金晶，乘坐轮椅手举"祥云"火炬在巴黎街头行进，当遇到意外时，她夷然不惧，双手紧紧握住手中的"祥云"，直到危机解除，嘴角才露出释然的笑容。这一刻，全世界都记住了这位勇敢的中国姑娘。

有什么日子能让我今生难忘？有什么诗篇能让我长久吟咏？有什么地方能让我心驰神往？有什么歌声能让我怦然心动……

看！在奥林匹克旗帜的召唤下，走来了五洲四洋的体育健儿。

听！在《北京欢迎你》的歌声中，和平、友谊、进步的鲜花竞相开放。

17个日日夜夜，亿万人用自己的双手共同奏响了友谊、团结、和平、进步的北京乐章。激情和梦想齐飞，奋斗与超越同在。

世界手拉着手在中国走过，中国手拉着手与世界共舞。这就是"同一个世界，同一个梦想"，这就是"你和我"。奥林匹克圣火将永远在13亿人心中燃烧。

如果说2008年的夏天，中国给了全世界无与伦比的惊喜和感动，那么2008年的秋天，另一份惊喜和感动又在延续。2008年9月25日21时10分，载着翟志刚、景海鹏、刘伯明三位航天员的神舟七号飞船在中国酒泉卫星发射中心发射升空。他们进行了载入人类史册的太空行走，中华民族的飞天梦想再次在浩渺的星空熠熠生辉。

一轮又一轮的磨难，一场又一场的考验，没有压垮中华民族的脊梁，足见祖国人民的万众一心与众志成城，足见伟大祖国的坚韧与顽强，足见中华民族的意志力与凝聚力。中国人民永远是十指连心的姐妹弟兄，永远一起面对生命中突袭的雨雪风暴。

金秋的风，送袅袅暗香而来，霜中的菊，献片片芳菲一季；吻夕阳余晖，爱溢出温柔的眼眸；望四野安详，激情飞上诗句。

听黄河汩汩，载无数苦难历史；观河沙沉沉，积淀多少回忆。高山巍峨，雄伟的山峰俯瞰历史的风狂雨落，暮色苍茫，任凭风云掠过。

我深深地爱着你——我的祖国，不只为你原野的辽阔、群山的巍峨，不只为你千年的沧桑、万载的骊歌。

我深深地爱着你——我的祖国，因为你深重的灾难，因为你顽强的拼搏，因为你不屈的脊梁，因为你坚韧的执着。

我们是鲜艳的红领巾，我们是坚强的少先队。2008 年是中国少年先锋队建队 59 周年，在五星红旗和太阳一起升起的时刻，让我们放飞一只只白鸽，将深深的祝福献给祖国，祝福伟大的祖国更加繁荣、富强！

（合）祝福伟大的祖国更加繁荣、富强！

2008 年 9 月

第五章

以美学的视角办教育

以儿童的姿态走近儿童——基于儿童道德教育的思考

　　我以为用最适合儿童的方式，以儿童的姿态贴近他们，使我们的德育深入心灵，才是有效的教育，才是有魅力的德育。德育面对的是人，是人心，是人的向善之心。世间还有什么比这些更有魅力呢？我常常试图在众多的教育细节中寻找道德教育的闪光瞬间，寻找道德教育自身的内在力量。学生们的一个眼神、一个动作、一个笑容、一声叹息、一次提问……无一不是我要捕捉的对象。我不得不思考，面对学生，如何才能使我们的德育具有打动人心的力量，成为最有魅力的教育呢？

◎ 如何认识和发现儿童

　　道德教育首先要回到儿童，从儿童出发，回到儿童的原来意义上。如果把握不住儿童的特点，教育可能是无效的。卢森堡说："我们每天急急忙忙地赶往伟大的事业，但经常没心没肺地撞倒儿童。"这是为什么呢？我们也曾是孩童，也曾有稀奇古怪的想法，而当我们渐渐长大，步入成人的世界，一点点远离童年，我们的世界也在渐渐地发生着改变，我们长大了，我们成年了，我们是教师了，我们从事着太阳底下最光辉的职业……与此同时，我们离学生们心灵的距离也在渐行渐远，因为我们不知道儿童在哪里，亦不知道儿童是什么。

1．儿童在哪里？

在拉丁文中，儿童的概念是自由者。作为教师的我们，给学生自由了吗？我们是否毫不吝啬地给予他们规范前提下的自由体验、快乐探索的幸福感与愉悦感？在学生最需要我们来倾听、关怀、呵护的时候，我们是否给予他们足够的关注？是否用心倾听了每一个学生的声音，哪怕是最微不足道的？蒙台梭利认为，"儿童是上帝派来的密探。"所以说，儿童是探究者，那么教师就该成为成人世界派往儿童世界的使者。作为教师，我们是否扮演了友好使者这个角色呢？儿童是充满好奇心的，他们对一切神秘的东西都感兴趣。他们灵敏善感，想触摸一切他们感兴趣的事物，可我们是否满足了他们的好奇心？我们往往只是断章取义地要求学生去探究、发现，可却有意无意地阻断了探究的源头——好奇。作为"友好使者"，我们并没有真正了解儿童世界。"儿童还是游戏者，游戏是儿童的天性，"因而游戏应成为教育的方式。品德与生活课的活动化要求主要是让儿童游戏起来。

2. 儿童是什么?

儿童是一种可能性。可能性是人类最伟大之处。人之所以伟大,是因为人有可能性,而儿童拥有无限巨大的可能性。它包括两层含义:其一是"还没有",即儿童还没有成熟,所以是会犯错误的,不会犯错误的儿童不是本真的儿童。其二是"将要是",即我们要看到学生的可能性,给学生最大的发展空间。我们面对儿童、学生,其实就是面对着可能性和不确定性。可能性是不确定的,是有创新潜能的。因此,教师既要关注儿童的现实性,又要关注儿童的可能性。我校的品德与生活(社会)课(以下简称品生、品社课)堂不仅看重学生在课堂上的表现,更致力于促进学生可能性的发展;从关注学生的现实性,转到更关注学生的可能性,转到对学生可能性的开发。

儿童总是用他们的眼睛看世界,他们有自己的观察方式、思维方式、解释方式和表达方式。童心是儿童发展的密码,当然也应是教育的密码。童心是一把打开儿童世界的金钥匙;没有童心,教师就无法开启儿童那扇充满灵性的心之门。作为教育者,作为品生品社教师,应该拥有一双儿童的眼睛,始终保有一颗童心,从童心开始,用一双儿童的眼睛来打量这个世界,看待自己的学生。只有这样,才能基于儿童的生活去组织探究性、生活化的活动,才能和那些天真可爱的儿童沟通交流。认识到这一点,我们也就找到了儿童在哪里,我们才能以儿童的姿态走近儿童。每一个品生品社教师都应永葆童心,永葆创造性。

◎ 树立怎样的道德理念

1. 道德是人为的。

也就是说,道德是人创造出来的。但是教师或者成人常常会忽略学生这些未成年主体的创造性,而道德的东西从来也不是成年人创造的专利。道德的最高境界是教师和学生共同创造出来的。大部分教师都承认学生是知识的接收者,但极少有人意识到学生作为创造者的一面,从而忽略了学生的主观能动性。其实,这不仅仅是一种对教育本身的误解,在这背后寻找更深层次的原因,归根到底是教师这个群体没有真正地了解儿童世界,对学生的成长特点以及他们的心思把握得不到位、不彻底。不少教师都会犯这样的错误。比如,学生会非常骄傲地把自己捡到的一枚一角或一分的硬币交给老师。在大人们眼里这太微不足道了。试想一下你曾怎样处理此类事情,有没有用"你自己留着吧""买糖吃去吧"之类的话搪塞学生?如果是这样的话,那你就忽略了学生的创造性。他们正用自己的行为创造着他们心目中的道德,多么珍贵的童心啊!教师应该毫不犹豫地告诉他:"孩子,你是我见过的最诚实的孩子,一个拾金不昧的好孩子!"这样一来,师生共同参与了道德的创造,在学生童年的生活里留下一笔道德财富。因此,引导学生在已有经验的基础上建构自己的道德概念,教师和学生共同创造道德,这才是道德的最高境界。

2. 道德是为人的。

有时候,作为教师的我很迷惑,因为我不了解学生究竟在想些什么、需要什么，而我也在思索着，我为什么会这么迷惑。原因也许就在于教师忽略了学生的生命属性，将学生视为没有温度的机器。学生拥有超乎想象的创造性，这些创造性有时会被教师有意无意地扼杀，使得教师违背了教育的宗旨，背离了"道德为人"这个本意。道德在规范人的同时，具有享受的功能，教师应让学生体验到道德行为所带来的快乐（这就是道德的第二层含义），从而使德育教育更加深刻和深入人心。

3. 道德是由人的内心需求而产生的。

此为道德的第三层含义，即一种向上的、向善的欲望使人产生了一种对于道德的渴求。教师需要根据学生不同的个性来激发他们内心对于道德的美好的渴望，并使之成为学生自觉的行动。然而，有时候教师会忽略学生不同个性的发展和道德需求，对学生"一刀切"，力求让所有学生都朝着统一化、模式化的方向发展。究其原因是不够了解学生，不懂得儿童世界。

教育的成功与否，就在于教师能否智慧地去发掘教育中的细节，合理地引导学生的不同需求，把他们的内在需求激发出来。因此，教师应该以关注的眼光去发掘教育资源，用发展的思维去处理教育细节，进而在无声无痕的细节关注中彰显教育的魅力，还原教育的本真。

◎ 给学生什么样的德育课堂

杜威说："给学生什么样的教育，就意味着给学生一个什么样的生活。"作为对学生进行德育的一门重要课程，品生品社课应该给学生提供一个怎样的生活、教育以及课堂呢？

1. 站在儿童的立场呈现给学生们一个活动化的课堂。

品生、品社课最突出的特点是引导学生感受和体验。教师会在实践中将活动巧妙地引入课堂，为学生们呈现一个个精彩的活动平台，使他们自由自在地畅游其中。毫不夸张地说，形式多样的有效活动成为学生们展示自我的舞台，会令他们终生难忘。

课堂教学活动应是师生有效、高质量的多项活动。品生、品社课尤其突出了这一点，如《班集体，我们的家》中的"值日比赛、欢迎春姑娘、让大树妈妈更美丽、编儿歌、小火车在旅行、让爱住我家"，《可爱的祖国》中的"地球仪上找祖国、写给祖国妈妈的心愿、祖国妈妈知多少、祖国妈妈我爱你小表演、我当小导游"等丰富多彩的活动，使课堂成了学生们展示自我的舞台。特别是《可爱的祖国》中"祖国妈妈知多少"的知识竞赛，就把比较散的知识点用竞赛的方式有机地衔接起来，有效地增强了学生们的兴趣和积极性。再如，在"我当小导游"这一活动中，老师在中国地图上设计了六个旅游区，并向学生们提供了有关解说词，让他们在小组内尽快练习好解说词，随后让他们充当小导游。伴随着老师预先制作的能充分展示各旅游区特色的专题短片，学生们进行生动的解说，大大激发了他们对祖国的热爱之情。

活动还应促进学生们的全面发展和快乐发展，从而有效地达成发展目标。首先，要充分尊重每一个学生，把每个活动做实做透。例如,在教授《班集体,我们的家》时,教师对所在班级的素材加以收集和利用,从而为课堂教学服务。用班级活动的照片导课,就很好地体现了做实活动这一点。通过展示班级的全家福,让学生们找一找自己在哪里,借助学生们兴奋的表现引导他们说出对班集体的爱,有效地贴近了学生们的生活,实现了活动的有效性。对于这一点,并不是所有的教师都能认识到。比如,在教授《可爱的祖国》时,有位教师设计了这样的环节:让学生们扮作外国人到中国旅游,并把这项活动作为整节课的一个主线,"你是哪国人,你想到我国的什么地方去旅游?""你游览了中国的风光,有什么感受?"之类的问话成了教师的活动导语或小结。也就是说,教师让学生们扮作外国人,以换位体验来参与课堂活动。本节课应该让学生们以中国人的身份表达对祖国的热爱,为什么要站在一个外国人的角度去学习呢?这种设计从逻辑上来讲是有问题的,会让学生们感到茫然,也会让课堂离生活越来越远!

同样是《可爱的祖国》一课,有的教师会在课堂活动中播放开国大典的视频,目的是让学生们感受中华人民共和国成立时全国人民的喜悦和对祖国的热爱之情,从而受到感染和教育。在片子播放到国歌响起的场景时,教师会示意学生们站起来,面对大屏幕中的国旗行队礼。在此过程中,我注意到学生们的表情是非常崇敬和庄重的,他们真正融入了开国大典的场景中。这样活动化的课堂更加生动感人。

2. 站在学生们的立场看待问题,融入其中,让课堂成为师生交往的舞台。

任何的课堂活动,教师都应重视起来,并与学生们进行平等的交流。在品生课中,教师从讲台上走到学生们的中间,此时,教师既是活动的组织者又是参与者,活动亦因为有了教师的参与而更具向心力和凝聚力。在《班集体,我们的家》这节课中,教师组织学生们玩他们喜欢的游戏,让他们充分体验班集体的快乐。活动中有一个没有玩伴的学生,于是教师单独把他请出来,引导其他同学和他一起玩了老鹰捉小鸡的游戏,教师亦参与其中。这是一个比较精巧的设计,教师像个孩子一样参与游戏,不论对学生还是自己来说都是一件开心和幸福的事。这样的课堂更加完美,这样的品德课才是师生共同演绎的生动的"生活"戏,才是学生幸福成长的乐园、师生交往的舞台。

教师应以儿童的心态呈现给学生们一个建构得精彩纷呈的课堂,课堂的形式、内容、手段、学生们的学习方式等都在发生改变。课堂成了师生对话的课堂,展现了学生们合作探索的过程,给每个学生提供了充分张扬个性的平台。正如杜威所说:"生活是一种自我更新的过程。"所以品生、品社教学应是一种师生共同探究、体验与感悟的过程。

3. 以儿童的姿态呈现给学生们一个动态的课堂。

教师应善于捕捉夜空中美丽的流星,为课堂增色。一个充满灵性的课堂总是在动态中不断生成的,因为在丰富多变的课堂教学情境中,常会有许多预料不到的情况发生。如何使课堂生成成为教育教学的契机,而不是夜空中美丽的流星呢?关键在于教师对学生们的理解与关注。教师要以儿童的姿态善于捕捉、认真倾听,要考虑学生们的需求,关注他们的兴趣,让他们在一种放松的心理状态下敞开心扉,放飞思想,获得心灵的沟通。

例如,在教授《可爱的祖国》时,一个学生正在台上展示泰山的照片,此时另一个学生突然站起来说:"我想问问,泰山是不是超过天了?"据我观察,图片展示的是泰山云海的壮观景象,山顶突出在云朵之上。这个提问的学生肯定没去过泰山,也不能理解这种现象;他可能都没思考就突然站起来提了一个让人摸不着头脑的问题。他是多么急切地想解开这个谜,多么精彩的提问啊!可惜,这节课的教师没能捕捉到他的需求,以为他只是淘气,于是没有追问,亦没做任何解释便让提问的学生坐下了。

在课堂教学中,教师应恰当评价学生们的点滴表现。评价本身也是一个动态的教学过程,教师不能千篇一律地评价学生们。首先,评价角度要多元化。教师应在课堂上关注学生们的情感态度、价值取向,更应注重他们的感受。例如,一位教师在教授《可爱的祖国》时,让学生们以小组为单位表演歌颂祖国的节目。当轮到最后一组时,由于该组学生没有准备好,致使节目没能表演出来。为了避免其他同学的轻视,教师随即让他们朗诵刚刚在语文课上学完的古诗《草》。该组学生急于抓住这个翻身的机会,于是朗诵得十分起劲,效果也很好。教师欣赏地点评道:"我国有这么优美的古诗,我们多自豪啊!"最后,在教师和同学们赞许的目光中,他们带着成功后的满足感坐回了位子,增强了参与课堂活动的自信和热情。再如,有位教师在教授《班集体,我们的家》时开展值日比赛,待比赛结束后,让落后的小组重新完善自己的工作，并给予及时的鼓励，很好地呵护了学生们的自信心。其次，还应注意评价的激励性，如"表演得好极了，同学们还没看够呢""老师为你感到自豪"。教师应多以善意的鼓励性的语言去评价学生们，给予他们自信，给课堂带来一个个精彩的瞬间。

品生、品社课是一门有感染力的课程。实践和努力证明，教师要以儿童的姿态走近学生，走进课堂，呈现给学生们创造性的品生、品社课堂以及生活化的德育形式，让学生们喜欢探究、懂得实践、热爱生活，让课堂更加精彩。

2010 年 11 月

最美的课堂
最简单

随着课程改革的不断推进,课堂教学正在成为每一所学校的核心竞争力。以往所有教育改革和探索都在逐步回归到课堂中去,只有深挖课堂这口井,教育才能走向真正的优质。在几年的实践探索中,教师们逐渐打通了课堂改革的探索之路。

◎ 高度立市——科学建立基市模型

我校课堂改革的模式的核心架构是四大环节和五大元素。

四大环节包括唯美情境,自信起航;美妙体验,自信成长;美丽展示,自信分享;最美挑战,自信绽放。四个环节被有效地融入了五大元素:先学后教、小组合作、交流展示、检测拓展、最美评价(捆绑、激励、连续、升级)。五大元素中隐含着三种学习方式的变革,即自学、互学、展学,其中,最核

心的元素就是展学（交流
展示）。展学是为培养学
生核心素养和关键能力而
设立的；同时，给每个学生
提供了展示交流的舞台，
让每个学生都有机会自信
地展示自己。学生展示是
在自学和互学的基础上进
行的，而评价是促进各个
环节、各种元素有效实施

图 5.1　课堂模式架构

的重要抓手，贯穿于整节课的始末。

◎ **效度务实——简约有效带来极致**

在相当长的一段时间里，教师便对课堂改革倡导的理念耳熟能详，却不能全面行动，归根结底是因为觉得操作麻烦，不愿意改变。为此，删繁就简成了课堂改进操作时的首要选择。一是大道至简，简约即美；二是只有相对简单有效的东西才能被广大教师所接受。为此，在课堂实践中力求简约有效就成了教师们的研究方向，将简约的思想转化为简约的课堂现实，从而达到教学目标的最高达成度，此为简约带来极致。

在探索实践的过程中，各科实验教师通过培训、论坛、上交流课等方式不断完善各环节的操作要领，在摸索中改进操作方法，如音乐课堂的策略探索。实验初期，不少教师都觉得音乐课的最美策略探索是个难点，一是认为学生们自学歌曲有点难度,二是认为合作学习也不好把握。后来经过逐步尝试探索,竟成为全校模式形成最快的一个学科,主要环节包括以下内容:

课前学习:分组分类自选点学习。

(1)唯美情境,自信起航。

(2)美妙体验,自信成长。

组内交流、全班汇报课前学习情况。

(3)美丽展示,自信分享。

学唱歌曲。

生生、师生互动,质疑解惑,组内互助学习。

(4)最美挑战,自信绽放。

拓展学习,演绎歌曲:分为组内交流、全班展示。

在实施过程中,各环节的操作逐步得以完善。例如,课前学习作业的设置,从一开始学习与歌曲相关的某一点知识,到后来的分组分专题进行课前自学。这样一来,学生们学习每个知识点时都会达到一定的深度,在课堂上通过小组交流展示实现知识的共享。之后,每节课各组的学习内容再进行循环。时间一长,学生们的能力便会得到全面的提升,从而提高他们学习的有效性。

伴随着各学科具体操作要领的完善以及可行性教学范式的建立,简约的操作途径和有效的教学效果渐渐吸引了广大教师的注意在一次次的示范课、研究课后,学生们的变化有目共睹,使更多的教师投入到课堂改革的实践当中。

◎ 温度施教——给课堂热情和专注

在策略实施过程中还得出一个重要结论：任何一种模式和策略，即便它再完美，一旦离开教师的热情和投入，必然无法达到理想的效果。一节课的知识点没有经过教师情感和心灵世界的加温，只会让学生变得越来越冷漠。教育需要温度，绝非一句空话。在课堂实施的过程中，这句话成了教师们常常关注的首要问题，即你们若没有温度，如何温暖学生，你们若没有热情，如何构建优质的课堂。

尊重生命自然成长的规律，给课堂以温度，让师生的心灵都能在课堂上体会到温暖，找到归宿，这才是实施课堂改革中教师应具备的首要条件。

当然，温度并不仅仅是教师的热情和感染力，更重要的还有一种专注。雷夫那堂点燃了他头发的化学课正是他专注于课堂的表现。这种专注给了学生温暖和力量。课堂改革达成的不仅是课程知识，而应该是情感与情感的凝望、思想与思想的握手、生命与生命的触碰。

◎ 亮度创意——课堂的最高境界是超越模式，形成文化

其实，从学生长远发展的严格意义上来说，模式是要不得的，是非人本的、非自由的。然而，根据现有的师资情况，课堂教学模式还是有必要存在的。在实践中常常会出现走模式的情况，但这对于一些教师来说也是个必经之路，就像刚开始写字时要用"米"字格或"田"字格的纸一样。课堂改革的终极目的是超越模式，只不过是通过现在的所谓模

式手段让核心素养、教育理念落到实处,形成激励学生成长的课堂文化。

因此,我校引导教师在运用教学模式时不要维模式化,让教师结合具体的学情不断地改进和完善,使其本土化、个性化。我校鼓励教师创造性地使用模式,并结合课堂改革的策略和学生们的自身特点,生发出很多个性化的思维和创意。

1.借助具体的工具启动课堂。

比如,平板计算机的运用把现场直播技术搬到了课堂,成为课堂上的最大亮点。学生们从一开始的掩面躲藏,到后来落落大方地展演,充分说明了好的教学手段能给课堂带来活力。再如,小黑板的扩大使用让全班的交流更加简便快捷。一些教师还将字卡、小棒等学习工具充分运用到课堂之中,以淡化组内强弱差距,让组内的活动更加均衡有效。

2.借助平台启动课堂。

比如,教师在课堂上创造性地设立了小主持人、小老师、点评师的席位,不但给学生们提供了更多的展示机会,还大大提升了学生们评价、欣赏、审美和表现的能力。相信将这些有个性的环节延续下去就会发展成一种课堂文化。这种文化的存在势必会促进影响学生们长远发展的必备品格和关键能力的形成。

◎ 角度看课,以学评教,把学生放在课堂最中央

我校的课堂追求:一切的教学目标、教学策略、教学手段都必须指向学生,归依于学生;服务于以学生为核心、以

能力提升为旨归、以尊重情感体验为前提的学。离开了学生的学,任何的教都没有意义。

因此,必须以学评教,以学生的学来评判课堂。只有这样,教师才能找到课堂改革实施过程中存在的问题,才能真正探索课堂改革的内涵。鉴于此,观课评课也有了新的角度。

1. 以学生为中心。

以学生为中心,即以学生的状态评价教师的表现。现在,听课的角度发生了改变,由原来的面对教师改为面向学生。在原来的课堂中,教师是观课的中心;而新的课堂则把关注点放在学生身上,看体态、看眼神、看表情、看专注力,并以此来分析教师的课堂把控力、运作力。

2. 以学生的学为中心。

以学生的学为中心,即以学生的学评价教师的教。因此,必须以学生的学来审视、考查课堂,以学生的学来检验教师的教、转变教师的教,以此促进课堂学习生态的形成。例如,以学生合作学习的有效度来判定教师平时训练的实施情况;以学生参与学习活动的投入度来判定教师的调度能力和评价手段的运用;以学生的学习效果来判定教师在问题预设和难点突破方面的技术。

◎ 长度评价——让学习变成游戏

鲁迅在《风筝》中写道:"游戏是儿童最正当的行为,玩具是儿童的天使。"是的,爱玩是孩子的天性,在玩中学,在学中玩,这才符合孩子的天性,才能让孩子欢欢喜喜地学。新课堂也要从儿童的视觉出发,理解学生的童趣,保持一份

儿童的视角,以童心引领学生、亲近学生、吸引学生,而不是
把成人的东西强加给他们。

我校教师在课堂上设了一根看不见的游戏线索——最
美明星评价。所有的环节和元素全凭这一主线贯穿始终,
并且延续至整个学期。它具备很长的连续性。最美评价包
括以下特点:捆绑、激励、升级。

1.捆绑评价。

每个小组成员的自学、交流、展示、检测表现、成绩与整
个组的成绩挂钩,特别是四号的优惠加分,直接促进全组同
学的合作互助。

2.激励评价。

通过发放最美明星卡激励在课堂各个环节中表现优秀
的学生,如最美倾听、最美表达、最美书写、最美合作。

3.升级评价。

在课堂上表现优秀的同学通过积分可获得最美小明星
的卡片,当卡片积累到 20 张,便可到学校兑换一张最美明
星的胸卡,即为一星级校级最美明星。以此类推,每 20 张
即可兑换一张胸卡,可升级,最高可升至五级。

期末,将获得最美明星胸卡的同学直接定为校园最美
明星。星级较高的明星还可获得如下奖励:物质奖励、登上
校园最美明星墙、向学校申请实现一个最美愿望、邀请家长
到校在升旗仪式上为其颁奖等。

对于最美评价的运用,我校有自己的理念。那就是,用
这一手段为牵引,通过这个看不见的线,让学习变成游戏。
一张小小的明星卡激励着学生们在课上、课下兴致勃勃地

去努力、去自学、去教学、去请教、去排练……一切的学习活动因这张卡片而像极了一场游戏。教师引领到位,学生们亦会乐此不疲。

路走着走着就通了——学生们一点一滴的变化让教师们兴奋,亦倍感欣慰。一切都充满希望!若问课堂模式是什么,答案应该是课堂是动态的,模式不过是搭了个架子,最重要的是课堂上教师的坚持,并在坚持的同时创造性地生成、提升和改良。

在改革的过程中我校全体教师也在思考:我校课堂变革变的是什么?不变的是什么?其实长久以来,应试教育的指挥棒让教师们慢慢学会了怎样用最简单快捷的方法去达到赢得分数的目的,从而忽略了很多真正对学生们终身发展有益的东西。说到底,课堂改革并不在于改了什么;准确地说,课程改革应该是一种回归。教师们所努力的不过是力图让课堂回到它原本该有的样子而已——课堂本来就该是这样子的,这才是教学的初心所在。

2017 年 6 月

静水深流，深耕课堂——探寻清华大学附属小学课堂改革之路

2017 年教师节前，教育部部长陈宝生的一句"掀起课堂革命"让无数课改人热血沸腾。课堂是教育的主战场，一端连接着学生，另一端连接着民族的未来，教育改革只有进入到课堂的层面，才算真正进入"深水区"。在对清华大学附属小学（以下简称清华附小）进行了近两周的深入体验学习的基础上，教师们逐渐打开了课堂研究的思路。

首先从他们"成志教育照耀一生的哲学命题"说起，在成志教育这个大的理念之下，有了为聪慧、高尚的人生奠基的教育使命，有了五大核心素养的培养目标，那么他们是怎样达成这一目标的呢？我的理解是学校的理念像头顶的太阳，照耀并引领着全体教师，在 X+1 课程基础框架之下，引领他们的学生迈向五大核心素养的发展目标。也可以理解为清华附小是通过 X+1 课程这一手段让理念落地的。那么如何使理念更好地落地呢？他们将改革的触角深入到课堂内部。

◎ 整合创新

因为清华附小 X+1 课程的特征之一就是整合,所以 X+1 课程背景之下的课堂改革就是整合,即抓住学科本质特性进行深度整合和重构,从而引发深度学习。包括三个层次的整合:一是学科内的整合;二是跨学科的整合;三是超学科的整合。在整合创新的同时,融入全阅读的课程理念。为了学科课程整合的需要,他们还将课时的时长进行了调整,分成大小课两类(一类是 60 分钟的大课,一类是 30 分钟的小课,还有 20 分钟的诵读和习字课)。

为此,我校也形成了学科统整的设计思路。不一定需要彻底打破传统的课堂教学,但这必然是一种促进学生深度学习的设计理念和趋势。比如,我校大胆启用跨学科教师,这样不但能够促进教师跨界成长,而且能更好地促进学科间的融合和整合,初步迈出我校课程整合、融合改革的第一步。

◎ 工具撬动(学习方式的改变)

2015 年清华附小刚刚提出了"用工具撬动学习方式的变革",即通过工具的创造及使用深耕课堂。清华附小课堂学习方式的变革就是将被动的学变成主动的学。之前他们的课堂改革倡导的学习方式有预学、共学(主要指小组合作学习的方式)、延学。

1. 何谓工具撬动?

这些工具包括显性的、隐性的。显性的工具是指学习卡、便签、小棒、模型、实验器材、平板电脑等操作性强的直观类工具。隐性的工具是指思维导图、任务单等挖掘学生隐性思维的工具。工具到底有什么用,难道是为了让课堂变得更花哨吗? 比如,语文课上使用字卡。眼下,多媒体技术如此发达,多少字在计算机上都能打出来,做那么多的字卡干什么呢?

2. 为什么要用工具撬动?

窦桂梅说:"中国教育千百年来用嘴教育,只说不练,只讲不实践,必须有所改变,人的智慧不仅都在大脑里,还在手指尖上,工具的运用直接指向儿童的全方位发展,指向关键能力。通过看得见的工具来改变学习方式,从黑板教学走向实践的世界。"

为了打破传统的学习模式,先前利用小组合作学习虽然稀释了教师的过度影响,但亦存在问题,即小组内爱说能表现的孩子总占先机。怎么改变呢? 利用工具。把重点和难点外化成可操作的环节,让每个学生都去尝试。

3. 怎么撬动?

以语文课使用的最简单的字卡为例,如果只让学生读,他只有视觉这一个频道;如果用字卡摆一摆、分一分,跟同桌互动起来,就有了听觉、触觉以及各种记忆的线索。记忆的管道越多,记起来就更容易,记得也更持久。而且在这个过程中,每个学生都动了起来,这就解决了合作中弱生被忽视、被隐身的现象。

比如,数学使用学习工具——豆子来认识数。数豆子,可以让他们回到原始人是怎样抽象出数的概念的。摆小棒,可以让他们抽象出十进制,那么五进制可不可以? 当然可以,而且学起来更简单,理解起来也更容易。

还有整理小报、做思维导图等。教师可以利用多种实体工具来促进学生学习方式的变革,引导学生从黑板教学走向实践的世界。这就是基于核心素养下课堂教学的真正意义。

所以使用工具具有以下作用:记忆更加深刻;抽象知识形象化;梳理思维提升思维;机会均等;改变师生关系。

工具的使用使每一个学生有了学习的载体,经历由直观到抽象的过程,经历知识产生的过程;使每一个学生都了参与的机会,有了个体的成长经历。

4. 效果。

(1) 工具得到了充分的开发和利用。

每一节课,清华附小的教师们都力求在学生学习工具的使用上有所突破,包括各种各样的课堂工具的使用,如字卡、根据课文内容画在黑板上的插画、英语课单词卡片、借助天平模型贴图来认识方程,还有课堂师生互动的约定动作,如手指开合为求关注、食指勾型为我有问题。在借鉴清华附小课堂工具使用的基础上,我校结合自身特点开发了若干学习工具:课堂交流语、课堂约定、音量等级、手势语、积分卡币、卡片、小棒……

(2) 有各式各样跨越固定时间和空间的课堂样态。

例如,升旗仪式上,所有教师(包括窦桂梅校长)都会跟着学生们一起唱校歌;颁奖典礼上,无论是主持人恰如其分的场面控制,还是种种仪式设计,或是窦桂梅校长无时无刻不在用自己的行动激励孩子、鼓舞孩子、影响孩子,都呈现出了令人欢欣鼓舞的大课堂的景象。在场的每一个人都深深地受到了感染。演出的最后,所有演员都出场谢幕,并在主持人的引导下,与台下的观众进行了有效的互动。散场后,我又看到:全体学生演员、辅导教师,还有一部分家长义工,集合在一起,回顾、总结整场演出的情况,包括演出亟待改正的问题以及作为一个演员应该具备的艺术素养、团队精神、演出常规……他们再次呈现了一堂别开生动的课堂。

午休时的课堂样态:学生们有序自修,教师在为下午的语文课作准备;有些教师会在看管学生的同时装点教室……

一系列的镜头里,我感受到,有一种理念已经深深融入每个教师的内心:时时处处是课堂,大事小事皆育人。

◎ 体现儿童立场

清华附小的课堂还体现了一个要素:儿童立场,即以学生为中心开展课堂教学活动。例如,一次我路过一间教室时发现一个女同学站在讲桌上背诵古诗,后来才知道,原来是这个班级的老师为了鼓励学生们大胆地展示自己,便鼓励女同学站于高处(讲桌上)展示自己。对此,同学们不仅觉得新奇,自己的表现欲亦被激发了出来。这看似小小的细节,便突出了儿童立场。

一次,学校刚刚进行完三校区联合举行的质量调研,教师们都在忙着批阅试卷,一起研讨批阅标准并分析存在的问题,极为认真。从试卷中可以看到:清华附小的考题形式并不是传统意义上的简单知识的罗列，而是与生活、实践、课程相结合的，可以说是整合的内容、延学的成果；还可以感受到：书写必将是伴随学生们一生的好素养。令人惊讶的是，清华附小的试卷依然在使用百分制分数进行评价。清华附小的课堂改革，不仅提升了学生的核心素养，还提高了他们的学习成绩。

清华附小的课堂在变革学习方式的同时蕴养着课堂教学的新常态，在课堂上，学生谦逊有礼，善于思考，敢于质疑，教学常规井然有序，一种民主的课堂交流氛围已经形成，学习就在这么自然而然的状态下发生了……我觉得，课堂就该如此——真实、自然和美好。

在探寻清华附小课堂脉络的过程中，我越来越深刻地体会到：课堂改变，学校才会改变；课堂优质，学生才会卓越；课堂创新，学生才会创造；课堂进步，教师才会成长。知之者，不如好之者；好之者，不如乐之者。上一节学生喜欢的课，做一个学生喜欢的教师，让学生学在其中，乐在其中。一所拥有学生喜欢的课堂和教师的学校才是理想的学校。

2017 年 6 月

关于思想政治课堂开放式教学的探索

思想政治课（以下简称思政课）作为国家实施立德树人的主管道和主阵地，已成为目前课程改革创新的重要着力点。小学道德与法治课作为一门"生动具体的对学生进行个人生活、家庭生活、社会公共生活、国家民族生活中的基本道德规范教育"的思政课程，更应顺应时代要求，积极培养现代化创新人才，改革和创新课堂教学。因此，在道德与法治教学中实施开放式教学，加强学生在课堂上的创新活动和课外延伸实践活动是非常必要的。这既是形势的需要，也是时代的要求。苏霍姆林斯基说："在人的心理深处有一种根深蒂固的需要，这就是希望自己是一个发现者、研究者、探索者，在儿童的精神世界中这种需要特别强烈。"而以往小学的思政课堂教学往往忽视了学生的这一需要，把它上成了知识传授课，把学生看成单纯的知识容器，扼杀了学生学习的积极性和创造力。我认为，要改变这一现象，必须突出道德与法治课的特点，寻找教材和学生实际之间的结合点,本着改革创新、自主学习的原则,充分利用各种有效手段,创设出一个自由、活跃、民主的课堂氛围,引导学生主动地参与到教学中来,从而为思政课的教学改革注入新的生机和活力。

◎ 大胆放手,给学生自由发展与想象的空间

新课改之前,各科教学一贯采用传统的教学方法,即以教师的讲授、启发、提问为主,学生被动地学习、思考和解答问题。这样一来,有的课就变成了教师的"满堂问"、学生的"满堂答",无法真正调动学生学习的积极性,更别说培养学生的创造力了。为了改变这一状况,我采用了"主问"教学法,即让学生自己发现并提出问题,然后自主解决问题,让每个学生充分体验"我能提出问题,我能解答他人的问题",鼓励学生之间互相提问以及辩论,教师只起指导和点拨的作用。在学习课文进行明理时,我常常这样布置任务:"请各小组自学课文,围绕文章内容展开讨论并设计问题,稍后将举行一个答辩会,各组之间互相提问。"这样一来,学生们便会积极地参与到讨论中去,努力地发现一些有价值的问题,并在答辩过程中表现出了极大的热情。提问的同学充满了自豪感,不时地对回答问题的同学做出评价;回答问题的同学则更积极踊跃,连教师也参与到回答问题的行列中。每位同学的各抒己见,既体现了多样性,又体现了选择性;既培养了善于创造的思维,又培养了勇于探索的精神,使学生从内心产生一种跃跃欲试的动力,活跃了课堂气氛,达到了明理的目的。

值得注意的是，"主问"教学法要求教师必须创设有利于每个学生积极参与的教学情境，要在小组交流的基础上建立一个全班交流的广阔空间，鼓励学生有勇气交流，引导他们倾听同学间的交流，最后深化讨论，形成共识。由于学生之间的知识水平和道德认识差异不大，所以他们提出的问题也有共通之处。因此，无论学生是主动交流，还是倾听他人交流，都有一种共同提高、共同创造的快乐，这比发言内容准确与否更为重要。

在课堂交流中，教师还应注意把期望的目光投向每一个学生，悉心观察每个人的面部表情变化，从中体察他们的内心感受，并从与他们的交流中迅速捕捉"闪光点"或是疑难点，及时给予推广和指导，使学生们消除恐惧感，能够积极主动、生动活泼地参与课堂活动。例如，在教授《不隐瞒错误》时，有个学生提出这样一个问题："如果你不小心打碎了同学的水杯，而同学又不知道，你会怎么做？"有个同学坚持自己的观点——给他买个同样的水杯放回原处，不必向同学承认错误。听罢，教师并没有简单地给予否定，而是先对这种改正错误的实际行动给予了表扬，然后鼓励道："你已经有改正错误的勇敢行为，老师相信你同样有承认错误的勇气，是吗？"他高兴地说："老师，我想我能做到。"当其他同学看到问题答错了也不会受到批评后都纷纷发言，一时间，课堂教学气氛更加活跃、轻松。

此外，在教学实践中我还告诉学生们发言不用举手，谁有问题随时起立发言即可，说多说少，说好说坏，老师都给予鼓励。这样一来，学生们放下了思想上的包袱，积极踊跃地提问和发言,既提高了课堂的教学效率,又给予了学生们充分自由的想象空间。

◎ 携手合作,形成师生交融、生生互动的课堂氛围

　　民主平等的师生关系是使课堂气氛融洽的重要条件,教师在教学过程中应努力构建一种平等、尊重、相互信任的师生关系,以及生生之间和谐、民主、团结的协作关系。在课堂实践中,我时时处处注意并贯彻这一原则,用热情洋溢的语言鼓励学生们畅所欲言,用亲切自然的体态语拉近师生之间的距离,站在学生的角度参与课堂讨论,融入其中,成为他们中的一员。例如,在学生分组讨论时,我会悄悄对某一组说:"刚才你们组表现得太棒了,能否提些问题,把其他组给难倒?我给你们组加油,下次一定要超过他们。"这些话的言外之意是"瞧!老师支持咱们组,咱们可不能落后哟!"当答辩会进行得正激烈时,我会伺机问:"我可以回答你的问题吗?"在得到应允后,我会像一名小学生一样回答问题,并追问:"我的回答您满意吗?"学生给予的评价通常是"你回答得非常好!"之类的话,我也会不失时机地道谢。与教师单纯讲授的效果相比,这种师生互动或生生互动的合作、交流与切磋,对于学生来说能够起到独特的作用。

◎ 以开放的理念,将活动融入教学全过程

　　课堂是教学活动的主阵地,教师应根据小学生的特点,

在教学过程中通过优化教学手段创设情境教学,启动学习热情,诱发探究思考,开展行为实践等形式组织教学;同时,要以现代教育观为指导,确立师生之间、学生之间平等教育的理念,可以从以下三个方面入手。

1. 变传统教学手段为智慧化教学手段。

智慧化教学在强化视听感知、揭示事物运动变化过程等方面能发挥出色的作用。将各种教学手段有机结合,发挥各自所长,避其所短,有助于教学活动的有效开展。例如,在教授《保护名胜古迹》时,我利用了当地名胜古迹和多媒体课件,尽可能地让学生欣赏祖国的名胜古迹,感受其中的美,激起热爱之情。上课伊始,我组织学生们游览了临沂本地的一处名胜古迹——王羲之故居,带领学生们从认识身边的事物开始,知道什么是名胜古迹,初步感受名胜古迹的美,从而导入新课。为了让学生们能够充分感受到名胜古迹的美,激起他们的热爱之情,产生自觉保护名胜古迹的意识,我又查找了许多我国各地较为典型的名胜古迹图片,如故宫、长城、泰山、兵马俑、长江三峡、西湖、布达拉宫,并配以优美欢快的音乐让学生们进一步感受和认识名胜古迹的美丽和壮观,从而产生对这些名胜古迹的热爱之情。为使学生们感受到名胜古迹丰厚的文化底蕴和历史渊源,我还精心设计并制作了与名胜古迹相关的古诗文的课件(如"飞流直下三千尺,疑是银河落九天"等学生熟悉且意境优美的诗句),并将其置于与之相配的风景图片或底色中,配上古朴悠远的古筝乐曲,利用课件中的画面、声音和文字吸引学生们的注意力,激发起他们强烈的学习热情,从而产生保护名胜古迹的欲望,使教学达到了良好的效果。

2. 变封闭式教学为开放式教学。

开放式教学要打破教学场地的限制,除了在教室教学外,还可根据教学内容组织学生到教室以外的场所去进行教学活动。例如,《课间活动守秩序》旨在让学生们懂得在进行课间活动时要遵守秩序,教师教授此课时,可组织学生们到操场上进行课间活动(如投沙包、丢手绢、集体跳绳),并在活动中组织学生们讨论如何在课间活动中做到守秩序。又如,《爱护花草树木》旨在让学生们知道花草树木的作用以及如何爱护花草树木,教师教授此课时,可带领学生们在校园内或学校附近的小公园内进行教学活动。教师站在花草树木中向学生们介绍它们的作用(如制造氧气、"吸尘器"),请他们在具体情境中模仿表演不良行为(如随意采花、在树木上刻字、在两树之间系牛皮筋来跳、摘下柳条编帽子),并说说害处。在生动的课例前学习,学生们有较高的学习兴趣,强化知行合一,收到了较好的教学效果。

为了实现动态教学,教师应结合有关教学内容,采用讲故事、听歌曲、情感朗诵、角色游戏、小品表演、分组讨论、知识竞赛、辩论活动等多种形式进行教学。例如,在教授《伟大的领袖》时,教师可以在介绍人民领袖的丰功伟绩的同时播放歌曲《绣金匾》,使学生们的认知活动得到强化。又如《做有礼貌的好孩子》是一部童话剧,教师在教授本课时可让学生们扮演其中的角色,从而加深他们对课文内容的理解,使其进一步体会到"做有礼貌的孩子,人人都喜欢"。

实践证明,这种以学生为本的开放式教学是灵活有效的。它强调以学生的发展为本,使他们有了一个自行探索的空间和机会,真正使学生在课堂教学中活起来,在自我发展中发现,在自我教育中探索,在自我激励中品尝成功的喜悦,实现了道德观念与道德行为的有机融合。

2009 年 10 月

　　新的教育形势向教育者提出了严峻的挑战。如何在课程改革不断推进的背景下提高教育教学质量呢？答案是向课堂要质量。质量是学校的生命线，提高质量必须抓住课堂。但真正落实这句话并非一件简单的事，这需要管理者们深入课堂，实现课堂教学改革的真正突破，否则就不可能有教学质量的真正提高，也不可能有教师专业化的真正发展。经过深入地思考和论证，我校围绕"聚焦课堂，提升质量"这一主题开创性地实施了"立体观课，有效议课"的策略性实践研究，引领教师走专业成长之路，不断推进我校课堂教学效益的提高，并取得了较好的效果。

　◎ 为何要提出并实施"立体观课，有效议课"

　1. 为何变听课为观课，变评课为议课？
　　从传统意义上来说，听课评课是教师研究课堂的主要方式。也可以说,是教师必做的一项功课。回顾以往听课评课活动的过程,透视教研的实际效果与应有效益的差距,我校总结出以下现象和问题需要反省和改进:听课时教师只是为了完成听课任务,不理解听课的目的,不分析听课的内容,不清楚要研究的问题。评课也常常表现为评课过程走形式、评课内容显肤浅、评价方式不恰当等现象,这些都严重影响着教研的实际效果和教育质量。

听,即耳有所得,用耳朵感受声音;从技术层次上分析,听课多指向声音。观课可被理解为课堂观察,它强调用多种感官收集课堂信息。在多种感官中,"眼睛是心灵的窗户",透过眼睛的观察(除了语言和行动),课堂的情境与故事、师生的状态与精神都将成为感受的对象。观课要求用心去整体感受课堂、体悟课堂。

评课似乎是对课的好坏下结论、做判断;议课则指参与者利用观得的信息展开对话、讨论和反思的过程。如果说评的过程是评判、画句号的过程,那么议则指更多地运用问号质疑、探询和发现的过程。相对于听评课来说,观课、议课更像是一种提升,它可以实实在在地改进教师的教学行为,提高课堂教学质量。教师可以利用这个平台,在观课、议课的过程中积极寻找和掌握教学中的新思想与新策略,拓宽自己的研究实践领域,最终获得专业成长。这既是观课议课的主要特点,又是其意义和价值所在。因此,"立体观课,有效议课"的模式便成了必然选择。

2. "立体观课"为哪般?

通常意义上的听课活动往往过多地关注教学内容本

身,侧重于教师在课堂上的表现,较少关注学生的学习态度、情感表现和师生、生生间的互动合作以及交流活动。一些教师虽提了不少意见,但多是对课堂上出现的一些现象就事论事,通常不能对这些课堂现象深入分析,不能触动现象背后的教育理念。这种观课纬度的单一化势必会造成听课效果的表面形式化,失去了其应有的价值。我认为多维立体的观课模式才是最有效的,它包括以下几层含义。

(1)观课人个体的观课状态。

观课人个体的观课状态,即观课人要善于利用多种感官(包括一定的观察工具)收集课堂信息,观课时应看一看、听一听、记一记、转一转、想一想。它包括了看、听、记,甚至体验、感受和思考等多种感知途径。只有这样,教师获得的课堂信息才是多维而全面的,也才能更真切地认识、观察、理解和把握课堂现象。

(2)观课人听课位置的分布。

在以往的听课过程中,观课者多选择教室的最后和边沿位置。这样一来,看到的课堂场景可能就是片面和局部的。因此,我校主张观课者要分布到教室不同的位置,从不同的角度全面观察学生的学习状态和效果。

(3)课堂关注点要多维立体化。

从空间立体的角度来说,既要观教师,更要观学生;既要观课堂现象,又要观课堂内质;既看学生的自学情况,又要看班级文化建设。从时间的纬度来说,还要针对本节课"瞻前顾后",要思课前、观课上、想课后。一是看课前,即透过这节课,要看到导学案的设计。二是看课中,即要关注课堂的主角——学生的状态、表达与生成；同时，关注任课教师的引导与点拨、实时性评价、预设的有效性、内容的生成、课堂的实效等。三是看课后，即一节课结束后要跟踪、反思，要给出这节课不足之处的改进方案、可以发扬的亮点等。总之，要先思考在议课时教师需要交流什么，再思考假如我是这节课的教师，该怎么上。

我认为，"立体观课，有效议课"的提出不仅是简单名词的改变，而是一种理念的改变。

◎ 构建什么样的"立体观课，有效议课"模式

一年多的实践证明，我校的"立体观课，有效议课"有效地改进了以往教研中存在的问题，对于改进教师的课堂教学行为，提高教师的教学艺术，促进教师自身的专业发展产生了良好的作用。

1. 构建了对话式的"立体观课，有效议课"模式。

对话关系是一种主体间的关系。对话者首先必须充分意识到自身的独特性，"以唯一而不可重复的方式参与研讨，充分表达与众不同的看课观点"。其次，对话强调对他者的尊重，在对话中要看到他人，在交往中使他人成为对话者。将独立平等的对话关系运用到"立体观课"中，可实现真实的倾听和切磋。

2. 构建了互相欣赏的"立体观课，有效议课"模式。

"立体观课"是以对授课教师的尊重为基础的。授课是一种有创造性的劳动，是艺术性的劳动。在这过程中，授课教师最大限度地发挥了他的聪明才智。观课者带着尊重、

欣赏的意识,能充分地感受到授课主体的优点,体会到授课教师成功的喜悦,同时,能以积极的态度感觉到其中存在的价值。

3. 构建了交流式的"立体观课,有效议课"模式。

观课前可了解与授课相关的情况,如观课活动主题、教师情况、教学预设、学情程度。这可以让观课者在观课过程中真正有所收获和改变,使观察和研究一节课的过程成为自己学习、准备这节课的过程。也可以带着对某一问题的思考、探索进行观课,如"假如我来执教,我该怎么处理"。有了这些交流的基础,观课时可以有较好的切入点,同时,可以防止自己在议课时信口开河,有助于使自己的意见建立在可以操作、转变为实践行为的基础上,从而使议课能够真实地对教学实践产生影响。

4. 构建了分享式的"立体观课,有效议课"模式。

我校的"立体观课"致力于建设合作互助的教师文化,合作是共同的,互助是相互的,观课者要把授课教师的工作成效视同己出,积极地参与到授课教师的工作之中,分享授课教师的成功。这样的意识有利于发挥观课者的主观能动作用,避免其处于被动听课的境地。在授课教师无私地提供了参与者研究和讨论课堂教学的案例和平台以后,观课者应该做什么?"看到就说,畅所欲言"是所有观课者共同的认识。从授课教师的教学中获得启迪和帮助以后,观课者都能真诚地提供自己的经验,表达出自己的意见与他人分享。

5. 构建了互助 + 自助的"立体观课,有效议课"模式。

任何教师对个人的教育教学水平都有一定程度的认识,即自己已具备哪些优势,还存在着什么不足。带着"援助"的意识,带着自己在教育教学中的一些问题和思考,"观"别人的优势,"照"自己的不足,在互助中求自助,思考如何有针对性地进行调整,使观课的效益最大化。

"立体观课"的目的并不仅仅是探明已经知道的东西,而是要发现未知的东西,在心平气和的氛围中敞开心扉,互相启发,共同分享。

◎ 如何实现"立体观课,有效议课"

1. 规范完善观课流程,引导教师观课议课。

在落实"立体观课"的过程中,我校逐步规范完善了操作程序,总体分为三条主线进行。

(1)以实用性见长的常态课,选课形式为随机敲门确定,观课者为学科中心组的成员,采取观课后现场口头议课的方式,将议课小结进行书面展示,最后授课教师根据大家的建议完善精品教案。

(2)以示范性见长的各类展示课,出课形式为学校指定或个人申报,观课者面向全校,议课采用游戏抽取的方式有选择地进行,最后授课教师根据大家的建议完善精品教案。

(3)以研讨而见长的教研组先行课,观课者为教研组及本学科中心组所有人员。操作流程如下:名师备课→教研组集体研课→名师先行课(教研组与本学科中心组所有人员联合观课)→集体议课→教研组全体人员二次备课→抽奖式推门观课→集体二次议课→授课教师形成精品教案。

2. 合理利用教师专业共同体,促进"立体观课"扎实进行。

打造和谐的专业共同体,可以调动教师专业成长的内需,促进有效观课议课活动的开展。他们彼此之间经常在学习研讨的过程中进行沟通、交流并分享各种学习资源,共同完成一定的学习任务,共同体成员之间形成并具有相互影响、相互促进的人际关系。通过建立教师专业共同体,不仅可以使学校成为学生相互学习成长的地方,而且可成为教师们相互学习、共同发展、逐步走向专业化的地方。这是促进教师专业发展、提高整体水平的有效途径之一,更是"立体观课,有效议课"研讨活动有效性的保证。

教师的日常生活是一种专业学习,也是合作学习。我校组建的教师专业合作共同体包括具有辐射效应的名师工作室、青年教师成长提高班、骨干教师提升班、不同学科的学科中心组等。这些平台的搭建为教师自主成长提供了动力,指明了方向,教师成长态势良好,在"立体观课,有效议课"的活动中他们呈现出了专业引领、自主内驱、团队合作的特征。

3. 采用 X+1+1 议课模式,"立体观课"让教师自信地走向前台。

我校的"立体观课"倡导"立体观课,多元评价,全面提升",主要是从赏识的角度来评价教师、班级和学生,目的是鼓励教师自信地走向前台,展示自己的风采,充满激情地对待每一天的工作。为此,我校还制定了专门的观课标准,每节课至少要找到优点若干条(X)、不足一条、建议一条,即 X+1+1 的议课模式,以挖掘教师、班级和学生的亮点为主,把对授课教师的不足和建议通过"回音壁"体现出来,巧妙地把课堂教学的不足转化成教师今后努力的方向。在观课议课结束后,这张汇总的回馈表会被张贴在学校门口的留言板上,让授课教师、班级和学生的亮点展示在全体师生面前。

我校每学期都会举行多种多样的课例研究活动,每次开课后,观课者都要认真开展"有效议课"的活动,从自己的看课角度"诊断"课堂存在的问题并提出改进的建议;"自诊"需要改正的地方,制定相应的措施,进一步完善自己的教案。

"立体观课,有效议课"的教研模式大大激发了全体教师参与研究的主动性,促进了教师的自我发展;不仅使授课教师得到了展示和提升,更使所有观课者拥有了话语权,充满自信地走向前台;不仅使教师们获取了成就感,还进一步激发了他们自觉学习、实践和反思的极大热情。扎实有效的研究模式,促使教师们互相碰撞、互相启发、互相鼓励、互相借鉴,收获了自信,更收获了快乐和幸福。

2016 年 7 月

三种样态 做教育

我一直觉得自己很平庸，所以一直很努力；努力地在每天的教育生活中寻找教育价值和专业尊严。尽管我的能力与精力有限，尽管我有缺点也不完美，但作为从自信教育到最美教育实践者中的一分子，我每天都在努力地将学校的理念落实到具体的实践与行动中去。我竭尽全力地做好我的本职工作，不遗余力地尽好自己的本分⋯⋯

◎ 以陪伴的心态做教育

每个周一的早上，我都会站在学校大门口，迎接每一位教师和学生。当最亲切的笑脸与问候扑面而来的时候，我便深深地体会到了陪伴的管理学意义。在我看来，我的工作就是陪伴。

早晨的诵读是一件很重要的事情，我对它情有独钟，这也是我一天陪伴工作的重要时刻。我努力地让美妙的早读开启学生们一天的学习生活,让他们养成走入教室就开始读书的习惯。除了周一值勤,只要不出差,我每天早上7:20～8:20都会陪伴学生早读。大部分学生于7:30开始陆续进入教学楼,我会提前到,这样就能看到是哪个班的学生一到教室就开始自觉读书;也能看到是哪位教师提前到教室等着他的学生们……尽管这时我做不了什么,只是给学生们一个赞许的微笑,给教师们一句真诚的问候。

每天的午间练字,我都坚持陪伴,从不间断。我常常对教师们说:"说实在的,我并不是为了检查谁或监督哪位教师,从某种意义上讲,这更像是一种陪伴,是一种温暖,也是一种示范。"

课堂常规的巡查、食堂的用餐、课间活动、每周一次的教研活动、讲课比赛试讲评课、业务检查评估……这些陪伴我亦无处不在。

没有课堂作为核心竞争力的学校犹如没有指挥的乐队。为此,在学校理念的引领下,我校的教学团队一直在进行课堂教学的改革探索。我和我的团队伙伴们在一次又一次的尝试中,经常模糊了上下班的时间,不断地研讨、反思、优化……最美课堂取得了可喜的成果,在兰山区教学工作会议上做了专题经验介绍,产生了良好的影响力。

◎ 以"寻美"的姿态面看教育

我有个习惯,就是喜欢用手机捕捉学生们在早读、课间、活动时的一些精彩瞬间。我还常常在听课的时候带着相机,抓拍教师上课最传神的瞬间,留下学生们精彩的镜头,我将其称为"寻美"。几年来,这个习惯一直陪伴着我,随时发现校园中那些美好的瞬间。

我会把这些照片整理好,放大打印后贴在校园的宣传栏中。照片中的孩子可能是班里最普通的学生,但是也许我的关注能点亮他心中那盏叫作"自信"的明灯。每个学生都值得被关注,我努力地用行动去证明。

一个个镜头给我留下许多故事:数学成绩最差的学生是课堂上最勇于表现的小教师;大清早的教室里,一个小女孩在大声读书;晨读课上最会管理的小班长;爬到凳子上擦拭窗户的小男孩;寒风里站的最标准的执勤小卫士;捡拾到午餐费主动上交的好孩子……我还创意设计出美美乐乐卡,用于在校园巡视过程中奖励给那些具有最美行为的学生。

我的镜头里更是不乏教师的身影:孙玉香老师教孩子诵读的美妙场景,曲静和美荣老师举着手机拍摄学生们阅读的镜头,凤洁老师在每个学生的额头上贴小红花的情形,生病或手术期间悄悄返回课堂的欣维老师、秀芝老师和友贵老师,在数学课上坚持到生产的庆玲老师,还有带着学生们写诗的宝坤老师,引导学生们诵读习字的玉香老师,开发七巧板课程的洪伟老师,每天坚持阅读的厚英老师,等等。这样精彩的瞬间还有很多很多。如果管理者有一双善于发现的眼睛和一颗真诚的心,势必会让这些点滴的闪光之处凝聚成一股强大的正能量。

◎ 以思考的状态理解教育

我还有一个最大的感触,那就是被"逼"着成长未尝不是一种幸福。

2016年年初，在李校长的鼓励下我有幸参加了沂蒙名校长、齐鲁名校长的竞选。从一开始的战战兢兢到第一步顺利通关，我突然有了一种被"逼"着成长的感觉。到省里的答辩，竞争更为激烈，我没有一点底气，但又不能中途放弃，只好硬着头皮向前冲。短时间内快速给自己充电的同时，我绞尽脑汁地思考着学校理念形成的脉络；在我成功通过省级答辩时，学校最美文化的思路也逐渐形成了完整的体系，使自信教育顺利过渡至最美教育，完成了"自信·尚美"文化的哲学思考。这也让我深深体会到：当有人有事情"逼"着自己的时候，或许我可以释放出最更大的能量。被"逼"着成长是幸福的！

有了这次被"逼"着的经历，我变得更加自主地学习、思考和发展。除了每天和成长俱乐部的教师们一起读书，不断总结和思考一些内容，今年暑假我还对学校的德育工作进行了系统的研究，集中阅读了十几本专业书籍，完成了三个小时的主题报告，并去泰安等地做了三场报告。

在以后的时间里，我又相继完成了以下工作：在青岛市青年教师培训班上做学校文化汇报；在临沂市校长论坛中做《静水深流，深耕课堂——清华附小课堂改革》的学习汇报；在兰山区教学工作会议中做《自信点亮人生——最美课堂策略研究》的典型报告；2016年10月在陕西西安全国校长研修班上以现场交流的形式推介了我校最美教育的办学成果。

有一个天天带着微笑在校园里"赏花"的教师，学生们就会是彬彬有礼的谦谦君子；有一个尊重学生天性的教师，学校就是一个充满童真和乐趣的家园；有一个善于融入学生的教师，校园里就会弥漫着爱的气息……我，愿意做这样的人。

2016 年 12 月

有一次在查看上课情况时发现一个班的课堂纪律混乱，讲台上的教师只顾自己讲，对下面学生讲话违反课堂纪律的行为视而不见。事后跟他交流时，他对我说："我也没当过班主任，管理班级咱确实不会啊！"听到这样的回答我有点无语。这或许是一种解释，但不排除我校的教师中有人就存在这样的认识误区——管理学生是班主任的事，同时，从另一侧面反映了教师管理能力的不足。

管理是教师的基本功和基本职责，每个班级里的学生人数都不少，如果教师不加以管理，将很难完成预期的课堂教学计划。管有管的逻辑，缺乏管理能力的教师在课堂上是痛苦的，因为他无法保持良好的教学秩序和氛围。新教师入职后遇到的首个问题往往就是如何维持好课堂秩序问题。大学里没有开设过如何维持课堂秩序、如果管理好学生之类的相关课程，新教师只能自己摸索。做班主任最锻炼教师的管理能力，所以那位教师解释得也不是没有道理。

每一位新教师都至少要当几年班主任,否则教学就会有困难。没有适当的管理就不能提供和谐的学习环境,但如果教师拥有较高的讲课水平,能吸引学生,管理就相对容易得多。优秀的教师上课甚至不存在管理问题,他一开口,学生就被牢牢地吸引了,想走神都难。好的管理有教育功能,好的教学也有管理功能。管理与教育教学是相辅相成的,二者既矛盾又相互支撑,它们在课堂上的分量也是相对的。

一位教师不管是否是班主任,首先应该把管理当一门学问、一个课题来研究。管理课堂不是靠蛮力或者过分宠溺学生就能行的。管什么、不管什么、管到什么程度、谁来管、怎么个管法……都是需要认真研究的课题。有很多教师常发牢骚说"不敢管学生",其实"不敢管"后面就可能隐藏着一个"不会管"的问题。那么,怎样才能把课堂管理得很好呢?

好的课堂管理首先需要师生间的沟通交流,而不只是外部控制。能否让学生在一节课中学有所获,这是课堂管理首要的也是最为重要的一点。同一个班级,一位教师去上课,课堂气氛很好,换一位教师,课堂也许就乱了。课堂常规更改了吗?没有。究其原因,是两位教师的个人魅力和才干有较大的差别。这也间接说明了为什么有的教师学了别人的先进经验,自己用的时候却不奏效。课堂管理不是指一般的管理,不是什么人立点所谓的规矩都可以在课堂上"成方圆"的。课堂管理,控制不是目的,有效才是落脚点。

许多教师都觉得课堂管理很难,新教师尤其如此。课堂管理难不难？俗话说，会者不难，难者不会。所谓"会"，主要是指教师要有正确的管理理念。

有的教师会将"严"视作课堂管理的法宝，只能说明这些教师并不了解课堂的基本特点。任何一位教师都是带着某种理论走上讲台的，如果该理论是不正确、不科学的，那就可能是错误的、片面的、主观的或者混乱的；如果没搞清楚课堂的真实面目，那教师脑中的课堂图景便可能是虚假的、扭曲的、幻影式的，而这些理念或图景会把课堂引向无序或混乱。

凡事预则立，不预则废。课堂管理亦如此，不能等课堂出现了问题才去补救，那是被动防守的工作姿态。教师应该预设问题，发现征兆，尽早解决好可能出现的各种问题，这就是所谓的预防。预防包括两个层面：一般性预防和重点预防。一般性预防指通常情况下的预防措施（主要在面上）；重点预防则指重点情境、特殊情况、重点小群体和重点人物的预防。

要想做到一般性预防，首先要做到有言在先，交代清楚。课堂上发生的很多问题或混乱往往是因为没有把话说在前面或者交代得不够清楚造成的。所以要把课堂上的规矩预先告诉学生，便于学生遵循。注意：这些规矩一定要合理、清晰、明确，有可操作性和可验证性，不能过于笼统、模糊，也不应太细，否则学生记不住就一定做不到，就起不到预防的作用。

其次，教师还应密切注意课堂气氛和学生动态，一旦发现学生无法集中注意力，疲倦了，可以及时地穿插一些放松性的活动。比如，讲个小笑话、变个小魔术、唱个歌、做个小游戏，这些都有预防作用。学生听讲不耐烦，就可能出状况，教师要赶在学生骚动之前让他们"发泄"一下，这样不但不会影响教学效果，反而能提高教学效率。

如果教师感觉自己的课堂管理处于"只有招架之功，并无还手之力"的状态，那就证明教师的预防意识和预防工作过于欠缺，必须赶快加以改变。当然，课堂是一种难以预料的环境，总是存在变数。因此，除了预防外，教师还要有应变的能力，当然这还需在长时间的学习实践和总结提升中获得。

要想收获有秩序的课堂，就需要制定一些规则。此事说起来简单，其实很复杂，因为制定规则要掌握好分寸和"执行力"的问题。要像孔子说的那样：做教师要"温而厉，威而不猛，恭而安"。

积极向上有序的课堂规则，会使教师和学生的目标一致，课堂气氛愉快和谐，有利于学生良好课堂行为的养成。总之，课堂管理是一门艺术，是每一位教师必备的职业素养，有了灵活有效的课堂管理，才会有学生真实的发展。

2018 年 9 月

前阵子,为了迎接区里的各科讲课比赛,我随着教务处的同事们一起参与听课、评课、改课,其间深深感受到教师们的用心、投入和热情;同时,有一种隐隐的担忧,那就是教师们的课堂设计好像走不出固有的模式,无法在实践中与现代教育理念接轨。然而,今天上午,年轻的全静老师带着学生们在操场上上的一堂写作课深深地打动了我。当我看到她和学生们和谐相融的场景,看到学生们一张张笑脸和专注的神态,我懂得了,一节精巧设计过的课(哪怕是一个小小的改进)可以改变师生的教与学,改变学校的生态。

◎ 学科统整的设计思路

我想起了 2019 年接触到的小学理解力课程,又名 UDP 课程。其中,U 是 understanding(理解力),D 是 development(发展),P 是 practice(实践)。UDP 是一个通过单元设计实现理解力发展的框架，它由三大关系（我与自然、我与社会、我与自己），四大特征（观念聚合、逆向设计、真实情景、深度探究），两个要素（知识结构、过程结构）构成。UDP的一般设计路径是从三大关系中提取具有生活价值的观念，并以此聚合学科概念，根据课程标准进行一个单元主题的逆向设计，然后搜集事实性资源，选择真实情境进行深度探究。需要指出的是，单元设计并非是一个由三大关系起始的线性过程，它可以始于三大关系、课程标准、教材、主题资源等。它不是一个一次性的设计过程，而是一个反复修改、不断完善的过程。UDP实践的显著标志是学生理解力的形成。教材成了学习材料之一。UDP课程框架带给我校的启示是，不一定要彻底打破传统的课堂教学，但这必然是一种促进学生深度学习的设计理念和趋势。比如，我校本次赛课的教学设计就大胆启用了跨学科教师参加比赛，这样不但能够促进教师跨界成长，而且能更好地促进学科间的融合和整合，初步迈出我校课程整合、融合改革的第一步。

◎ 用设计改变教与学

对于促进学生理解力的生成，我校传统的教学设计是目标—内容—实施—评价。传统目标围绕三维来设计，以一年级语文为例，基本要求是认识并会写生字、有感情地朗读课文等，达成的目标知识的积累占80％。以促进学生理解力为核心目标，注重的是学生知识的生成，是知识的整体，是态度、技能。因此，要对教学目标进行重新设计。例如，语文课上，教师不再以教授课文为主要教学任务，而是每学期设计若干个主题——认识校园、秋天、节日，并根据以上目标来确定学生学习的标准，再根据标准找出评估的证据，进而设计教与学的活动。教师会搜集有用的教学资源并选择适宜的教学方法（方法一定要在体验与活动中进行）。语文课上，教师不再遵循传统的授课方式进行（即对一篇篇课文进行细致解读和剖析），而是引导学生从内容上拓宽视野，从方法上提升能力。

这样的设计需要教师协同备课，备课模板也与以往不同，课时安排长短不一，通常根据主题的线索和学生的认知规律安排学习内容的顺序。

班级自我管理，人人都是志愿者，人人都有岗位。知识与活动一体，活动注重在真实情景体验中让学生原有知识与新知识进行对接。

这样的课堂设计理念不仅改变了学生的课堂生态，也培养了学生的思维能力和创造精神。

◎ 以清晰主线牵引课堂

学生喜欢什么样的课程呢？一定是与学生经验相关联的、体验式的，能给学生带来成就感的课程。我国课程改革的方向是综合性和选择性的。从国家课程层面来说，改革推进的进度仍不够，但学校可以做一些调整与整合。美国的课程采取的是主题式编排。曾看过美国一所小学以"青蛙"为主题的教学片段，在一段时间内班级所有的课程都围绕这一主题展开，无论是音乐、美术，还是阅读、写作、科学等。这就让整个的教学过程有了一条清晰的主线索。这种主题式大单元的教学方式有利于学生通过多层次、多维度深入地了解某事物,有利于开展研究性学习,有助于学生形成自己的认知判断。我国现行的课程过于注重学科内知识点的联系,注重学科知识的系统性,忽视了学科间知识的关联,造成知识的点状分布,增加了学习的困难,影响了学生体验的深度。因此,教师们应尽可能地打通这种学科壁垒,寻找学科间的内容关联,善于寻找最突出的主线进行整合教学。也许有的教师会说这样做未免太超前,而且大环境也尚未达到这种状态。其实,应该认清的是,这是一种改革的必然趋势。一位有思想的教师应该走在大家的普遍意识形成以前,大的突破做不了,至少可以从自己的课堂做起啊。本学科内的跨学期整合主线行不行?单元间的整合好不好?一节课内的主线串联行不行?让学生每节课都有实实在在的收获,就是对新理念的最好实践。

知之者,不如好之者;好之者,不如乐之者。上一节学生喜欢的课,做一个学生喜欢的教师,让学生学在其中、乐在其中。我们就是要办这样的学校。

2019 年 10 月

亲爱的家长朋友们：

大家好！

请允许我代表临沂四小的全体师生，向各位的到来表示热烈的欢迎和衷心的感谢。

首先，请允许我介绍下我们的学校——临沂四小。

我校建于 1969 年，始称临沂地区师范附小，后更名为临沂地区银雀山小学，1984 年更名为临沂第四实验小学。学校总占地面积 22 667 平方米，现有在校学生 4 883 人，在职教师 212 人，其中，国家模范教师 1 人，省特级教师 2 人，省教学能手 4 人，市级能手 11 人，区级能手 80 多人，20 多人执教国家省级优质课。

建校以来，学校先后获得"全国优秀少先大队""全国青少年集邮活动示范基地""全国红领巾集邮文化体验示范学校""山东省规范化学校""山东省教学示范学校""山东省艺术教育示范学校""山东省绿色学校"等全国、省级荣誉 20 余项。

习总书记经常讲，我们中国人要有自己民族的文化自信，即历史悠久的中华传统文化。我校的文化是什么呢？那就是启阳文化。临沂古称启阳，四小坐落于临沂市兰山区启阳路。我校全体教师融贯古今，共同挖掘学校历史文化中的深层底蕴和内涵，构建了启阳教育体系，形成了独具魅力的启阳教育文化特色，确立了"开启未来，一路阳光"的办学理念。"启"有开始、启发、启蒙、教育和打开之意；"阳"有明亮、温暖、阳光、多彩、向上之意。临沂四小以"追逐阳光"为校训，鼓励全体师生积极乐观、阳光向上。愿每一代四小师生在启阳文化的滋养下迈向幸福美丽的人生。

我校通过一系列的管理和教育细节，让阳光文化融进学生们的思想和行为中，从而让每个学生都成长为一个积极向上的人。自 2018 年 9 月份开学以来，我先后承接了省级教学活动一次、市级教学活动两次、全市少先队现场会、临沂市河东区的教育同行到我校学习等多项工作。

一所学校的文化就像植物生长所需的土壤。在启阳文化的土壤里，生长出的是阳光自信、积极向上的学校精神。学生们在这种阳光正气的氛围中熏陶、浸润，将有助于他们成为一个有积极能量的人。我校全体教师都期望启阳文化能得到诸位家长的认同，期望我们四小的学生们能够以老师和家长为榜样，成为自信阳光的启阳好少年，开启他们幸福美好的人生。

家长既是孩子的启蒙老师，也是孩子一辈子的老师。相信你们一定知道家庭教育的重要性。爱迪生小时候并不聪明，常被老师视为"低能儿"，他仅上了三个多月的学就被老师撵出了学校。但爱迪生的母亲南希并不认为自己的儿子"低能"，在她耐心的教导下，爱迪生成了举世闻名的发明家。

由此可见，家庭教育对一个人的成长有多么重要的意义。

实践证明，没有家庭的支持与配合，学校教育是孤独且低效的；没有学校的专业引领与及时点拨，家庭教育可能是盲目、艰难的。不是生了孩子就会做父母，在当代，做个好家长必须要学习，教育的真正准备是完善自己。一个人没办法选择自己有什么样的父母，但可以选择自己成为什么样的父母。为此，我校将开设父母课堂，邀请教育专家做相关内容的报告和培训。今天我校邀请的翟兆博教授就是这方面的专家，请家长们珍惜和专家学习交流的机会。

请各位家长行动起来，期待你们加入"做合格家长21天挑战行动"。

1. 一分钟倾听。

陶行知说："人人都说小孩小，小孩人小心不小，你若以为小孩小，你比小孩还要小。"不要总是父母说，孩子听，不要总以为"孩子还小，他还不懂"。其实，孩子自打懂事起，就知道父母的喜怒哀乐。每天一分钟，换一个角度，走进孩子的世界，倾听一下他们的心声。这对培养孩子的社交能力大有裨益。

用心倾听，你就会发现，其实他们都懂！

2. 一些示爱。

陶行知说:"爱是一种伟大的力量,没有爱就没有教育";"您不可轻视小孩子的情感,他写字想得双圈没有得着,仿佛是候选总统落了选一样的失意。"

爱与陪伴是父母最应给予孩子的。每天10分钟,跟孩子交流,多摸摸他的头,给他最温暖的拥抱,让他知道你有多爱他。

不要在公共场合骂孩子,别总是抱怨他的成绩、剥夺他的爱好……请给他足够的爱和尊重。

3.一点赞美。

陶行知的一位朋友因孩子把其新买的一块金表给拆坏了,便狠狠地揍了孩子。陶行知听闻后赶到朋友家里,带着那个孩子去了修表店,孩子十分兴奋,眼睛一眨不眨地看着师傅修表。

每个孩子都有他的独特之处,不要片面地看待孩子的优劣。

每天一分钟,发现孩子的优点并给予恰当的赞美。这样,"爱迪生"才不会被打跑。

4.一次适度的放手。

陶行知说:"教育孩子的全部秘密在于相信孩子和解放孩子。"

一次,陶行知在武汉大学演讲,他从箱子里拿出一只大公鸡和一把米。他按住公鸡的头,掰开它的嘴,公鸡拼命挣扎,就是不肯吃米。陶先生松开手,后退几步,公鸡转而自己吃起米来。

　　每个孩子都是天使,别总拿自己孩子的短处和其他孩子的长处去比较。把知识硬灌输给孩子,效果未必好。

　　相信孩子,每天适度放手一次,给孩子自我成长的机会,将有助于他充满自信,同时,激发孩子成长的动力。

　　5. 共同参与一件事。

　　陶行知说:"行动是老子,知识是儿子,创造是孙子。"

　　(1)努力发掘你和孩子都喜欢的事情,共同参与,有助于了解彼此,从而增进父母与孩子之间的情感交流。

　　(2)根据孩子的兴趣和班级的活动要求,每天和孩子共同坚持一件事,如让孩子参与家庭事务,和孩子一起阅读、跑步或打球,一起练字。

　　(3)尊重孩子的主体地位,多听取他的意见并尽可能地达成共识。当然,在参与的过程中,家长应秉承尊重与引导并重的原则,不能什么事情都顺着孩子。

　　6. 改掉一个坏习惯。

　　每天修正孩子生活中的不当行为,如不懂得谦让、过分吝啬、爱睡懒觉、爱发脾气。在修正的过程中,首先应弄清孩子做出不当行为的原因,其次要讲究教育的方式,如和孩子约定"坚持21天不发火、挑战21天按时起床"。

　　一味地责备和处罚孩子是无法有效抑制孩子坏习惯的养成的,你必须知道孩子所有和个性、行为有关的坏习惯是如何形成的,运用以身作则的教育方法,利用体会与谅解的心来宽恕孩子,利用能够感动孩子的教育内容来引导孩子,帮助孩子彻底改掉坏习惯。

　　和学校教育相比,家庭教育更为重要。请家长们踊跃报名参加"好家长21天挑战",做孩子最好的老师!

孩子的优秀需要家长的不断成长,让我们家校合作,一起努力!父母怎样,他的孩子就会怎样!

2018年9月

做有责任心的管理者

　　俗话说,不在其位,不谋其政。近段时间工作中出现的一些事情让我不得不仔细地反思我的工作,思考我作为校长的责任,审视我的领导力和决策力。

　　这些事情包括作业展评抽取后忙到深夜;新校服的更换工作早就开展,但至今学生们尚未能穿上;公用相机使用后五六天都未归还,最终在教师办公室找到,据我所知,办公室每天是不锁门的;五年级外出实践活动所负责的卫生区一直无人管理;有关部门的遗留账目拖至一年不结算;十分钟练字问题一直未深入落实;保安人员的超龄问题一直未解决……

　　反思这些问题的同时,我及时地审视自己的责任缺失,发现平日里我对后勤财务的关注不够,对大家的跟踪指导亦不足……因此,决定从以下几个方面进行整改。首先,认真研究近期几项大的资金投入,召开总支会和办公会,请大家共同商讨把关。其次,检查大家的各项业务。不仅可以看到大家的业务完成情况,还可以由此知晓大家对待工作的态度。

责任意识是管理者最重要的素质。如果管理者的责任意识不够,就很难提升工作绩效。对管理者而言,即便其水平再高、能力再强,如果没有责任心,也是徒劳。责任是工作出色的前提,是职业素质的核心;责任心就是能力。

在日常工作中,许多事情的完成并不需要耗费很多力气,敷衍了事与精益求精之间就差了"责任"二字。一个做事情有责任感的人必定是能够把握主动的人。当管理者承担义务并对自己的行为负起责任时,他们的同事就更愿意与他们一起工作,也更愿意积极配合。每个人都必须负有自己的责任才能使团队运行得更加有效。一个充满责任感的团队一定也是朝气蓬勃的,才能"攻无不克、战无不胜"。

管理者责任心不强的单位会有这样或那样的问题:工作主动性和积极性不高、责任担当意识缺失;大事做不来,小事不愿做;同事间沟通不畅、做事不认真;不能真正认真执行制度;工作完不成,喜欢找借口;等等。管理者的责任心成了我校发展过程中首先需要解决的问题。

事实上,只有那些能够勇于承担责任的人,才有可能被赋予更多的使命,才有资格获得更大的荣誉。一个缺乏责任感或不负责任的人,首先失去的是同事或上级对自己的基本认可,其次失去了别人对自己的信任与尊重,甚至失去了自己的信誉和尊严。

其实,责任对每一个人都很重要。有了家庭就要有承担家庭的责任,有了小孩就要对孩子负责任,有了工作就要尽职尽责。什么是责任心？马丁·路德·金说："哪怕你是一个注定要扫大街的清洁工，你也要对自己的工作全力以赴，要如同贝多芬作曲、莎士比亚创作戏剧一样的投入。倾注全力取得的成就，会让每一个人对你驻足赞美，称赞你是一个杰出的清洁工。"责任感是一个人对自己、自然界和人类社会（包括国家、社会、集体、家庭和他人）主动施以积极作用的精神。首先，表现为心理上的一种"三不安"状态，即看到工作没人干心不安，自己工作没干完心不安，负责的工作没干好心不安。其次，有责任感的人会把工作当成自己的事业而不是一份职业。他们会全力以赴，不找借口，想尽一切办法积极、主动地解决问题；不管所从事的工作是否会让自己欢喜，他们都不会草草应付，都会尽心尽力、尽职尽责，因为这不仅是对工作负责，更是对自己负责。他们坚信责任感可以创造奇迹。

责任有多大，人生的舞台有多大；责任感有多强，生命的价值就有多厚重。管理者最核心的品质就是责任，即各司其职、各尽其责。在学校里，学生的普遍问题其实是教师和班主任的问题，教师的普遍问题是管理者的问题。基层学校里没有领导，只有管理者。

管理者的主要活动区域并不在办公室，办公室主要是他们思考和总结的地方。他们的活动区域大都在师生活动的现场，如德育部、教学部、后勤总务、综合保卫、艺体部都有巡视校园（教室课堂、办公室、运动场、功能室）的习惯，从而主动发现并解决问题。

所有的管理想上升到制度管理、文化管理的层次都需要做到以下几点：一是，人到位、责任到位才是保障。什么水平的管理都离不开管理者的勤勉，高层次管理对管理者的要求更高。二是，要理顺管理程序。学会会前议事与沟通，拿到会上讨论的可以是方案完善的问题或方法推敲的问题，而不是别人代替出方案。级部和处室都是学校领导下的执行部门，有相对独立的实施权限，但没有游离全局的权力，更没有自行其是的资格。向分管校长、主管干部请示、汇报、商量，不是体现官位等级，而是借力、借智，让做事的路更平坦、通畅。沟通、协调是生产力，更是执行力。三是，管理要有时限观念。管理的大忌是拖拉散漫，不要"到时候再说"，也不要每次问及总是"马上办"。谁主管，谁具体负责；谁分管，谁及时调度过程，而不是只等结果。

管理者的能力，一要体现为执行的态度积极，即有方法、有思路；二要具备业务权威，让人佩服；三要具备人格魅力，让人敬重。只要具备这三方面的管理能力，管理者在落实工作时才会更加从容、有把握。

管理者应敬畏岗位责任的底线，要清楚自己在做什么、该做什么以及职责所在；先做好自己的本职工作，再讲其他。与一般群众不同，处于管理岗位的人员因为承担着超越普通老师的责任（涉及学校纪律、制度和整体设计的达成），所以要更加认真和负责。

管理者在履行责任时不要怕得罪人，得罪的是跟原则底线过不去的人，得罪一人，赢得的是制度的权威、管理的权威以及绝大多数人的权益的维护。放纵一人，不仅会影响到集体的权益，会丢掉自己的威信，还会在教师心目中失去管理者的资格。

学生的表现、教师的表现、课堂表现和校园状态是管理的试金石,管理的能力、水平不是说出来的,而是通过管理对象验证出来的。管理岗位依赖师生需要而存在,管理水平仰仗师生奋发有为的效果来印证。

从某种意义上说,责任就是机会,或者说责任等于机会。事情越多,表明你越重要;困难越多,越能证明你的能力。责任越大,机会越多;责任越小,机会越少。因此,管理者应走出负责任的误区,在工作中杜绝这样的话语:"这不是我的事""这不是我的错""这不能怪我""负责任 = 我的错""别人应该对我负责任""我没有能力负责任""我一个人负责任没有用""我已经负责任了"。尽职尽责是管理者的本分,做好分内的事,即为尽责;没有做好分内的事,则要追究责任。责任无处不在,存在于每一个岗位。角色不同,责任也不同。负责任的管理者,不仅要竭尽全力做好自己的本职工作,还要承担因完成得不够好而带来的连带责任,做好善后工作。

管理者要对倾向性、苗头性问题有高度的敏锐感,抓早、抓小、抓实,力求从根本上解决问题;在问题面前要勇于担当、敢于决断、稳妥处置。遇到矛盾问题不能绕道走,不拖延、不糊弄,不可让小事拖大、大事拖炸,变得不可收拾。放假前须加强的几项工作:招生工作、财务及招标项目、期末考试及阅卷工作、党建工作措施的完善实施等。

做好以上工作需要学校管理者高度的责任心。而高度的责任心主要来自管理者优秀的个人能力。第一,要加强学习,不断实践,提高自身素质和处事应变的能力。第二,要做正确的事,正确地做事,做应该做的事,为责任而做。第三,要从小事做起,从本职工作做起,从身边的事做起,从细微之处做起。正如海尔集团首席执行官张瑞敏所说:"把每一件简单的事做好就是不简单,把每一件平凡的事做好就是不平凡。"第四,要抓住重点责任。高层管理者的重点责任是制定组织的总目标、总战略,掌握组织的大政方针和评价。中层管理者的重点责任是贯彻执行高层管理者所指定的重大决策,监督协调和指导基层管理者的工作。基层管理者的重点责任是给下属作业人员分派具体工作任务,直接指导和监督现场实施活动,保证各项任务的有效完成。第五,大家一起负责任,提升所有同事负责任的态度和能力。第六,要对结果负责。

我校正处在历史发展的新时期,新规划的启动、新制度的执行都需要各级管理者、各部门人员增强责任心,加强责任感,各司其职,尽职尽责,积极投入到当前的各项工作中去。虽然临近放假,但是必须提前做好假期及下学期的工作规划,要着眼学校总体战略,抓紧对本科室重点项目的操作,为完成学年目标发起冲刺。

2018 年 12 月

◎【课程目的】

"国旗下讲话"的形式内容亟待改进。

每周一的早晨,学校都会举行升国旗仪式。在庄重、严肃的仪式之后,学校往往都会举行"国旗下讲话"活动。在很多人看来,"国旗下讲话"是升旗仪式的一部分,需要隆重而严肃。其实,这是一个误解。正式的升国旗仪式是不存在"讲话"这一环节的,如天安门广场升旗仪式、各国的升旗仪式。

学校的升旗仪式之后,之所以要加上一个"讲话"环节,是与学校教育的特殊需要相关的。升旗仪式既是全校师生集中活动的时间,又是师生一周学习、工作的开始,在这个时间举行全校性的主题教育活动是最佳选择。一方面,学校不需要再专门组织师生集会,大大减少了学校集会活动过程占用的时间,实现了时间上的节约(特别是现在学校规模普遍偏大,集合一次费时费力);另一方面,周一是起点,是师生集体起航的时间,需要有一种统一的激励、启迪和召唤,让每一个人振奋。

多年来,"国旗下讲话"一直秉承着讲话的庄严性,总是领导手持稿子高谈阔论,几乎一个腔调完成所有讲话内容。严肃有余、活泼不足,效果日渐减弱。

其实,"国旗下讲话"是活动不是仪式,完全没有必要像升旗仪式那样追求严肃和庄重,让学生在讲话活动中有所触动、感悟和思考,才是活动本身的追求和价值。

我校以美为核心内容的校园文化设计,需要有一个实践主线来做整体牵引,才能更好地让我校的文化设计变得鲜活和生动起来。

所以针对以上思考,课题组对"国旗下讲话"活动进行了一系列的改造。

◎【课程主题】校长的课堂

校长来代一门课——"国旗下讲话"。

"国旗下讲话"是全校唯一固定时间、固定地点、全员参与的一种德育活动。校长可以对"国旗下讲话"进行系统的规划,以讲话的形式把自己的办学理念传递给师生。如果把"国旗下讲话"作为课程来开发,作为课堂来实施,那么校长无疑就是最合适的开发者、实施者。"国旗下讲话"必定是校长实施教育影响的理想阵地。

校长是"国旗下讲话"的策划者与实施者,但并不意味着所有的讲话都要由校长来进行。在这样的课堂上,校长是主教,还应该有很多的助教,校长完全可以根据教育主题的需要邀请不同的人做主讲。"国旗下讲话"不只是讲话那么简单,它应该是一门课程、一种课堂。

◎【课程内容】讲校园里的美

一是实用的校园故事。学生们大多喜欢关注身边的人和事,如果校长讲话时能够用自己观察到的好人好事作为故事素材,然后根据需要用合适的方式表达出来,势必会吸引学生的注意力,如某个学生做的一点好事、某位老师的一个优雅细节、某位校工的感人做法。因为这些人就在学生身边,这些事就发生在他们的生活之中,对他们的触动更深刻、更真切。还有一种可能就是,如果校长长期使用学生身边的小故事,还会给学生带来一种期待——也许下一个"国旗下讲话"中的主角就是自己。这何尝不是一种巨大的教育力呢?

二是优秀的传统故事。五千年的文明史为我们留下了众多教育意义非凡的传统故事。这些故事如果经过筛选和挖掘,可以成为课题组的教育素材。

三是经典的名人故事。从古至今,一直都有很多关于名人的励志故事流传下来。这些故事往往都呈现了名人们某一方面的优秀特质,是绝好的教育素材。

当然,这需要校长有一双善于观察的眼睛,多去发现身边的美好;还要有一颗善于积累的心,多留意并储存那些美好的故事。

◎【课程形式】表达方式——"你真美"

用"你真美"的表达方式讲述校园里的最美故事，主角可以是校园里的任何一个人。

首先，校长在讲故事时必须引导学生积极参与，要让学生学会对故事内容做出评价，要引导学生对教育内容做出积极的回应——对的为什么对，错的又错在哪儿。其次，校长还必须做出明确的价值判断，清楚地向学生传递自己对他们的某种期待和要求。第三，要让学生感觉到校长就在他们的身边，一直在看着他们、听着他们、关心他们、维护他们，期待着他们的表现和未来。

◎【课程评价】

故事讲完后，现场颁发"你真美"证书。

朱祥轩同学：

你自觉爱护校园小书橱的行为感动了老师，这是一种责任之美，银雀山小学因你而美丽。朱祥轩，你真美！

为每期故事的人物制作海报，在校园宣传栏中永久张贴。

◎【课程效果】

本课程的实施使得我校的致美文化得以有效地落实，并能统领整个校园的风尚，将教育教学的各个环节有效地连接起来，横向地连成一条线，美的故事的主角可以是教师、职工、同学、家长，赞美的对象可以是人，也可以是事、物。故事的讲述不但鼓励了师生，引领了美，还营造了"各美其美、美人之美、美美与共"的学校文化氛围。同时,这还是一种灵活有效的评价方式,激励性强、影响力大、教育效果好。

2017 年 12 月

◎《一个关于责任的故事》

7：30 是学生们开始入校的时间，前不久的一个早上，我信步来到二年级所在的西教学楼，一进门厅就发现书吧周围一片混乱，疑惑中我继续往里走，心想其他地方是不是也这样。边走、边看、边想……哦！昨天放学的一场大雨阻碍了学生们正常放学，教干和教师们都忙着护送学生与家长汇合，并让全体教师下班，不必留校继续办公。原来大家都忙着在大雨中护送学生放学，而没有来得及整理卫生。心中释然后，我返回大厅想去整理一下书吧，却看到这样的一幕——两个稚气未脱的学生正在认真地排列书橱里的书。我的心中一阵欣慰，不过才二年级，难道是老师安排的？我走过去好奇地问："谁让你们整理的呀？"

其中一个学生的话惊到了我——"我实在看不下去了！"

也就是说，没人让他们这样做，理由只是"简单"的一句话——"我实在看不下去了！"这难道不是一种责任吗？这对于两个二年级的学生来说是多么可贵啊！

默默地看着这两个忙碌的身影，我的心中除了感动更有深深的反思。这么句"简单"的话是不是也是很多人在看到杂乱不堪的书吧时最切身的直接感受呢？恰恰相反，多数人往往只是谴责式的旁观者，止步于言与行的临界点上，而这两个学生却有着这种自然而然的责任感和行动力，真了不起！

当再次从楼上下来的时候，我看到了整整齐齐的书吧。感动中，我终于找到了他们。大家想知道他们是谁吗？他们就是二年级二班朱祥轩和王根源。下面，请他们上来与大家见面好吗？（朱祥轩和王根源上台简单介绍自己）今天我要对这两位同学说："朱祥轩、王根源，你们真美！"

这个故事告诉我们两个字——"责任"，这就是我们银雀的精神；亦告诉我们：学校是个大家庭，我们都是这个大家庭里的成员，学校里的每一件事都跟我们每个人息息相关？地上有垃圾，我们有责，请主动捡起来；课间操不整齐，我们有责，请自己带头做并提醒小伙伴；路队走不好，我们有责，请昂首挺胸走起来；课堂秩序不好，我们有责，请人人端坐细倾听。责任是一种精神，更是一种行动！让我们每一个人都因责任而美丽。

◎【课题研究的影响与成果】

1. 成果简介。

以上是该课题在研究上的发现和结论,可以简单概述为:在实践中形成了以美为核心的学校文化体系,将学校文化建设与学校特色品牌发展过程融为一体,贯穿于管理、发展、提升的全过程,以美文化为主线,整体规划设计学校的发展思路和实施策略。从美的理念到美的教师,从美的课堂到美的课程,从美的评价到美的学生,无不彰显着美的教育的无限魅力。实践证明:学校文化的打造需注重内在、过程、实践和提炼,遵循寻根、立魂、树本、实践、提升的构建策略,最终必将形成独具自身特色的学校文化,形成可供借鉴的学校文化建设模型。

2. 在研究过程中发表的文章、报道及影响。

2017 年 9 月,发表于《教育家》的《自信成就孩子美丽人生》初步梳理提升了实践与研究的成果。

2018 年 5 月,《沂蒙晚报》以"读书立美,为致美人生奠基"为题报道了银雀山小学致美教育的办学成果。

2017 年 4 月 21 日,在山东省特色学校建设校长论坛上,进行了以"自信成就美丽人生"为题的学校文化特色成果专题报告。

2017 年 11 月 9 日—12 月 1 日,菏泽市骨干校长培训班一行 22 人到我校跟岗培训,对我校"以美育美"的办学理念给予了由衷的认可和赞叹,美的教育得到了宣扬和传播。

2018 年 4 月 13—17 日，菏泽市巨野县骨干校长一行四人到我校跟岗培训，对我校以美为核心的特色文化非常认同，表示会将我校的经验带回去，用于指导自己学校的建设和发展。

2018 年 4 月 16—20 日，菏泽市巨野县骨干校长培训班来我校跟岗培训，全程参与了我校首届教学节活动，对我校致美课堂建设与致美教育的实践深表赞赏。

◎【分析和讨论】

1. 皮特森认为，学校文化是一组规范、价值和信念、典礼和仪式、象征和事迹，这些因素构成了一所学校不同于其他学校的个性。

为此，我校应进一步完善细化文化符号的精致化表达，不断开发和规范校园典礼和仪式，并在反复呈现的基础上形成一种团体习惯；不断丰富"寻美工程""你真美"课程的内涵，尽可能地满足每一个学生的成长需求；本着赏识的原则将"寻美"融入教育教学的全过程、各角落。所有的教师和管理者都应睁大发现美的眼睛，通过有策略、有计划、合理地评价认可方式激发学生人人争做美的使者，引领他们享受快乐的校园生活，并在"你真美"课程中积累那些经典永流传的校园故事，成为学校历史中的浓墨重彩。

2. 学校文化认同是维系学校秩序的"粘合剂"，是任何刚性的物质力量、制度力量都无法替代的。

好的文化需要沉淀和发酵，还需要表达和传播，同时，让更多的人知晓并认可。因此，我校下一步还要着力打造学校文化的名片,如银雀精神、银雀形象、银雀表达,更好地提高致美文化的辨识度,让更多的人接受和实践。学校文化认同一旦形成,就会表现出强烈的稳定性、聚合性、亲和性,其精神结构、价值系统、心理影响和行为模式就会具有极强的渗透力和与吸引力,产生巨大的弥漫和辐射效应,甚至会超越时空持久地影响每个师生的思想和行为。课题组将为此不懈努力。

◎【建议】

1. 关于美文化的实践与研究是一个长期的过程,需投入大量的经费进行环境整治和硬件建设;同时,在美的办学理念形成、美的课程构建、美的课堂研究和美的校园文化建设中也需有很大的投入。然而,在研究过程和校园文化建设的过程中,我校对经费的安排和使用有些力不从心。

2. 在接下来的实践操作中,要及时跟进后续的实践和评价。需要进一步推广和传播美的教育理念,增强其影响力和接受度;同时,在下一步的实践研究中将视野放得更宽,聚焦美的理念,将美的教育做大、做强、做广,因为美的教育是时代发展的趋势,美学是未来的教与学。

3. 必须不断深化美的课堂和课程的研究,不断提高学生的思维能力、学习能力、自主能力、表达能力、领导能力、创新能力和审美能力,努力提升学校教育的质量,把我校创建成区域教育的示范品牌,昂首阔步地向全国名校的目标迈进。

参考文献

1. ［德］康德. 康德论教育［M］. 李其龙, 彭正梅, 译. 北京: 人民教育出版社, 2017.

2. ［德］罗莎·卢森堡. 卢森堡文选（上卷）［M］. 中共中央马列著作编译局, 译. 北京: 人民出版社, 1984.

3. ［法］奥古斯特·罗丹. 罗丹艺术论［M］. 傅雷, 译. 桂林: 广西师范大学出版社, 2002.

4. ［黎］卡里·纪伯伦. 先知［M］. 林志豪, 译. 天津: 天津教育出版社, 2007.

5. ［美］卡罗尔·西蒙·温斯坦. 中学课堂管理［M］. 田庆轩, 译. 上海: 华东师范大学出版社, 2006.

6. ［美］马斯洛. 自我实现的人［M］. 上海: 三联书店出版社, 1987.

7. ［美］约翰·杜威. 儿童与课程［M］. 北京: 中国传媒大学出版社, 2017.

8. ［日］稻盛和夫. 人为什么活着［M］. 吕美女, 译. 北京: 中国人民大学出版社, 2009.

9. ［日］黑柳彻子. 窗前的小豆豆［M］. 赵玉皎, 译. 海口: 南海出版公司, 2003.

10. ［苏］苏霍姆林斯基. 给教师的建议［M］. 杜殿坤, 译. 北京: 教育科学出版, 1984.

11. ［意］玛利亚·蒙特梭利. 蒙特梭利儿童教育手册［M］.

一苇,译.汕头:汕头大学,2010.

12. 白岩松.白说[M].武汉:长江文艺出版社,2015.

13. 蔡元培.蔡元培美学文选[M].北京:北京大学出版社,
    1983.

14. 陈建翔.家庭教育不该沦为学校的附庸[N].中国教育
    报,2015-4-24(6).

15. 窦桂梅.我的教育视界[M].上海:华东师范大学出版
    社,2013.

16. 方明.爱满天下——陶行知名言警语[M].北京:同心
    出版社,1999.

17. 冯友兰.中国哲学史[M].上海:华东师范大学出版社,
    2011.

18. 国家中长期教育改革和发展规划纲要领导小组办公
    室.国家中长期教育改革和发展规划纲要(2010—2020
    年)[M].北京:人民出版社,2010.

19. 黄晖.恰同学少年[M].长沙:湖南人民出版社,2007.

20. 黄廼毓.家庭教育[M].台北:五南图书出版公司,
    1996.

21. 李耳,庄周.老子·庄子[M].北京:北京出版社出版集
    团,2006.

22. 李开复,王咏刚.人工智能[M].北京:文化发展出版社,
    2017.

23. 刘永胜.教育就是唤醒自信心[M].北京:新世界出版
    社,2005.

24. 鲁迅.野草[M].北京:人民文学出版社,2006.

25. 钱逊.〈论语〉读本 [M].北京:中华书局，2007.

26. 施克灿.中国教育思想史 [M].北京:高等教育出版社，2008.

27. 孙祖复.福禄贝尔的生平与教育思想 [M].北京:人民教育出版社，1991.

28. 檀传宝.美学是未来的教育学 [M].上海:华东师范大学出版社，2015.

29. 陶行知.陶行知文集 [M].南京:江苏教育出版社，2008.

30. 陶行知.中国教育改造 [M].沈阳:辽宁大学出版社，2014.

31. 滕浩.精美散文读本 [M].北京:当代世界出版社，2010.

32. 叶朗.美学原理 [M].北京:北京大学出版社，2009.

33. 俞敏洪.挺立在废墟上 [M].北京:群言出版社，2010.

34. 曾繁仁.美育十五讲 [M].北京:北京大学出版社，2012.

35. 张梅玲.心理致胜:一位心理学家的教育发现 [M].北京:中国石化出版社，2007.

36. 朱光潜.谈美 [M].上海:华东师范大学出版社，2012.

37. 朱恒夫.教学是一门艺术 [M].上海:同济大学出版社，2016.